情勢分析レポート No.28

ラオス人民革命党第 10 回大会と
「ビジョン 2030」

山田　紀彦 編

アジア経済研究所
IDE-JETRO

ま　え　が　き

　東南アジアでもっともマイナーな国のひとつであるラオス人民民主共和国（以下ラオス）が，企業の投資先として，また旅行先として，日本だけでなく欧米でもにわかに注目を集めつつある。とくに2016年はラオスがASEAN議長国を務め，さまざまな会議を主催したため，知名度はこれまでになく高まっている。

　しかしラオスに関する基礎的かつ正確な情報を入手するのはいまだに難しく，メディアで取り上げられることも少ない。とくにその重要性にもかかわらず，5年ごとに開催されるラオス人民革命党全国代表者大会（党大会）への注目度は中国やベトナムと比べると非常に低い。党大会では新指導部が選出され中長期の国家建設方針が決まる。そして党大会で提示された方針は政治，経済，社会に影響を与え，すべての国家機関はその方針に沿って行動することが求められる。つまり党大会の内容を把握することは，現在のラオスや今後の国家建設を理解する上でも重要なのである。

　そこで編者は2016年1月に第10回党大会が開催されたのを機に，ラオスに関する基礎的かつタイムリーな情報を発信しようと研究会を企画した。本書は2016年1月から8月にかけて実施された日本貿易振興機構アジア経済研究所の機動研究事業，「ラオス人民革命党第10回大会と『ヴィジョン2030』研究会」の最終成果である（研究会発足時は「ヴィジョン」としていたが出版にあたり「ビジョン」とした）。中間報告はアジア経済研究所ホームページ（http://www.ide.go.jp/Japanese/Publish/Download/Kidou/2016_laos.html）に掲載されている。本最終成果では各章ともに中間報告から加筆・修正がなされ，また第8期国会選挙と1991年の憲法制定以降初めて実施された県人民議会選挙に関する新たな章が加わった。

　今回の党大会では，現在の国家目標である「2020年の後発開発途上国脱却」の次の国家目標である「ビジョン2030」が提示された。それは，ラオスが2030年までに現在比で1人当たり年間平均所得を4倍にし，上位中所得国入りをめざすという非常に野心的な目標である。このような目標が提示された背景には，順調に経済成長を遂げている党の自信がうかがえる。

iii

しかし前回大会からの5年間を振り返ると，決してラオスは順調な歩みで経済発展を遂げてきたわけではないことがわかる。財政赤字や債務問題，また党・国家幹部の汚職問題が悪化し，党への国民の信頼は低下した。また将来を期待された複数の党幹部の死，幹部による複数政党制の導入要求，ソーシャルネットワーキングサービス（SNS）の政治化など，政治，社会面でも大きな変化があった。「ビジョン2030」という野心的な目標を提示することで，党はあたかも国民の信頼を回復しようとしているようにもみえる。

　また，党大会では党支配の正当性を維持するために，建国の父の名を冠した「カイソーン・ポムヴィハーン思想」が，マルクス・レーン主義とならぶ新たな政治理論・思想として提示された。これは，マルクス・レーニン主義理論だけでは，もはや党支配の正当性を維持することが困難になっていることを如実に物語っている。このような意味においても，第10回党大会はラオス史において非常に重要な意味をもっているのである。

　では，党は今大会で具体的にどのような方針を示し，2030年の目標を実現しようとしているのだろうか。党支配は安泰なのだろうか。また，党新指導部人事にはどのような意味が見いだせるのだろうか。これらの問いを理解するには第10回党大会はもちろんのこと，党大会後の3月に行われた国会選挙や県人民議会選挙，また4月に発足した新内閣までの一連の政治イベントを考察する必要がある。なぜなら，選挙では党の方針を具体化する立法府が，そして4月の国会ではそれを実行する行政府が新たに誕生したからである。

　本書は以上の問題意識に基づき，2016年1月から4月に明らかになった新たな国家建設方針，党・国家の新指導部を考察し，今後のラオスをとらえるうえでの基本的視座を提示することを目的としている。本書の構成と各章の概要は以下のとおりである。

　第1章（山田紀彦）は，前回大会以降の政治，経済状況を概観し，第10回党大会がどのような環境で開催されたかを論じている。政治では将来を期待された複数の幹部が死亡し，党大会人事に影響を与えた。またSNSの普及により，公に政治について語ることを避けてきた国民が意見を表明するようになり，時には党・政府批判を行うようになった。経済は順調に発展し党は自信を深めたが，土地紛争，経済格差，環境問題，財政赤字，汚職・不正，債務問題が悪化した。第9回党大会以降，政治，経済，社会では重要な変化があり，そのよう

な変わり目のなかで第10回党大会は開催されたのである。

　第2章（山田紀彦）は，党大会で提出された政治報告の分析を通じて，人民革命党が現状をどう認識し，どのような国家建設方針を提示したのかを政治を中心に論じている。政治報告からは党が経済開発に自信を深める一方で，今後の国家建設や党支配体制の維持に危機感を強めていることが読み取れる。そしてその危機感を払拭するため，党員の「前衛性」「闘争性」「模範性」を強調するとともに，法治や民意に配慮した姿勢が示された。党はこれまで以上に国民の信頼獲得を重視しているのである。

　第3章（山田紀彦）は，党と国家の新指導部人事について分析している。党書記長には78歳と高齢だが，軍歴がある革命第2世代のブンニャン前国家副主席が就任した。そこには今後の党軍関係の安定や，現時点での完全な世代交代を望まない革命第1世代の意図を看取できる。しかし今回の党や政府人事をみると，実質的権力は革命第3世代に移り，国家運営は首相に就任したトーンルンを中心に次世代が担うと考えられる。事実，トーンルン首相は就任後数カ月間で矢継ぎ早に改革を実施し，またイメージ戦略も行いこれまでにない新たな首相像を構築しつつある。

　第4章（ケオラ・スックニラン）は，第7次経済・社会開発5カ年計画（2011～2015年）の成果を確認した上で，党大会で提出されたビジョン2030，10カ年開発戦略，そして第8次経済・社会開発5カ年計画（2016～2020年）の内容を分析し，その実現可能性について考察している。ラオスは今後15年間で1人当たり国内総生産と国民総所得の両方を4倍増にし，上位中所得国入りを果たすとの目標を立てた。しかし1人当たりGDPが2000ドルに達している現状から出発し，15年で所得を4倍に増やすことは為替効果を期待しないかぎり難しい。また資金，技術，そして労働力まで外国企業に依存し自国産業の育成が進展していない状況では，目標の達成は外部状況如何となる。

　第5章（矢野順子）は，ラオス人民革命党が経済発展の「負の側面」にどのように対応しようとしているのかを，教育政策に焦点を当て分析している。経済発展の一方で汚職や格差拡大といった「負の側面」が深刻化し，また革命を経験していない世代の増加やインターネット上で政治議論が展開されるなど，社会も転換期をむかえつつある。そのようななか，党は体制を維持し国民の信頼を醸成するため，建国の父の名を冠した新たな思想基盤・行動指針である

v

「カイソーン・ポムヴィハーン思想」を提示した。それはすでに 2010 年の新教育カリキュラム内容に色濃く反映され，とくに「公民教育」ではカイソーンに関する内容が増えている。今後「カイソーン・ポムヴィハーン思想」がマルクス・レーニン主義とならぶ党の思想基盤・行動指針となっていく可能性が高い。

　第 6 章（山田紀彦）は，第 8 期国会議員選挙と 1991 年の憲法制定後初めて行われた県人民議会選挙について分析している。今回の国会選挙では，末端の意見を吸収する目的で前回増加した建設線戦・大衆組織や郡指導幹部の代表が減少し，国会分科委員会，国会内の部局長，地方選挙区常任議員，地方国会事務所関係者から多数候補者が出された。また全体的に高学歴者が多くなっている。これは国会をより専門的議論の場にするとともに，国会関係者を増やし国会運営を円滑に進めるねらいがある。一方県人民議会選挙では，一部の国会議員が県人民議会を兼任できる制度を構築し，国会と県人民議会が連携できる仕組みを整えた。事実，選挙後に一部国会議員が県人民議会委員を兼務し，県議会の構成が調整されている。実はふたつの選挙は密接に結びついているのである。

　以上の概要からもわかるように，今回の第 10 回党大会と議会選挙では非常に重要な変化がみられた。そして今後のラオスを理解するには，これらの変化をしっかりと把握する必要がある。本書が今後のラオスを理解する上での基礎的知識となり，また有用な視点を提供できれば幸いである。

　最後に，本書をとりまとめるうえでご協力いただいた方々にお礼を申し上げたい。各章は内容の一部を現地調査に依拠しており，ラオスの政府機関や研究者の方々からは情報やデータ，また資料提供などで多大なご協力をいただいた。心からお礼を申し上げたい。また研究会の運営や出版にあたっては，研究所管理部門や編集スタッフにご尽力いただいた。この場を借りて感謝申し上げたい。

2016 年 10 月

編　者　山田紀彦

目　次

まえがき

第1章　第9回党大会以降の政治，経済状況　……………　山田紀彦…1
　　はじめに　　1
　　第1節　政治状況　　2
　　第2節　経済状況　　8
　　おわりに　　15

第2章　人民革命党の現状認識と今後の国家建設方針
　　　　──政治報告分析──　……………………………山田紀彦…19
　　はじめに　　19
　　第1節　第9回党大会以降の状況に対する党の認識　　20
　　第2節　今後の国家建設方針　　30
　　おわりに　　39

第3章　党と国家の新指導部──世代交代への過渡期──　山田紀彦…43
　　はじめに　　43
　　第1節　第10回党大会前の県知事，中央国家機関人事　　44
　　第2節　党大会代表の属性　　49
　　第3節　党指導部人事　　52
　　第4節　政府人事とトーンルン首相の政権運営　　63
　　おわりに　　69

第4章 「ビジョン2030」——達成できるか所得4倍増計画——
　　　　　……………………………ケオラ・スックニラン…73
　　はじめに　73
　　第1節　第7次5カ年計画（2011〜2015年）の成果　74
　　第2節　ビジョン2030，10カ年開発戦略，第8次5カ年計画　83
　　第3節　ビジョン2030の達成可能性　89
　　むすび　93

第5章　社会開発戦略と今後の課題——「負の側面」の克服と
　　　　「カイソーン・ポムヴィハーン思想」——…………矢野順子…97
　　はじめに　97
　　第1節　第10回党大会と社会政策分野　99
　　第2節　教育政策　104
　　第3節　「公民教育」とカイソーン・ポムヴィハーン　108
　　おわりに　115

第6章　第8期国会議員選挙と県人民議会選挙 …………山田紀彦…123
　　はじめに　123
　　第1節　県議会復活の背景と役割　124
　　第2節　選挙過程　128
　　第3節　候補者の属性分析と結果　136
　　おわりに　149

第1章

第9回党大会以降の政治，経済状況

山田　紀彦

はじめに

　2016年1月18日〜22日にかけて，全国の党員約26万8431人を代表する685人が参加し，ラオス人民革命党第10回全国代表者大会（以下，第10回党大会）が開催された（*Pasaason,* January 19, 2016）。党大会とは5年に一度開催され，党新指導部や今後の国家建設方針が発表される最も重要な政治イベントである。

　ラオスが市場経済化を本格化させた1990年代以降の党大会（第5回〜第9回党大会）はすべて3月中旬から末に開催されてきた。しかし今回は通常よりも2カ月前倒しで開催された。それにともない通常は4月末に実施される国会選挙も1カ月前倒しとなった。その背景には，2016年にラオスがASEAN議長国を務め，夏から秋にかけてASEAN関連会議や首脳会議を開催するため，党大会，党新指導部の発足，国会議員選挙，新内閣発足という一連のスケジュールを前倒しし，準備期間を確保する必要があったと考えられる。

　また今大会は，政治，経済，社会が変わり目にあるなかで開催されたことも特徴であった。ラオスは年率7%以上の経済成長を10年以上続けており，順調に経済発展を遂げてきた。実際，経済発展にともない貧困世帯率は低下し，党は国家建設に対して自信を深めつつある。第10回党大会政治報告でもチュムマリー党書記長（役職は党大会開催時，以下同じ）は，「誇りをもって断言できるのは，党が領導した時代において我が国家がこのように平静で発展した時期はないであろう」（*Pasaason,* January 19, 2016）と述べている。

　しかし前回大会以降の政治，経済状況を振り返ると，今大会の人事や今後の

1

方針に影響を及ぼすいくつかの重要な問題が発生していることがわかる。また
ソーシャルネットワーキングサービス（SNS）の普及により，新たな政治言説
空間が誕生するという現象もみられた。これまで政治に無関心を装ってきた国
民が意見表明するようになったのである。

　そこで本章は本書全体の導入部として，第9回党大会以降の政治，経済状況
を概観する。以下，第1節では政治状況を，第2節では経済状況について考察
し，第10回党大会がどのような環境下で開催されたのかを明らかにする。そ
れは，第2章以降で論じられる政治報告の内容や党・政府人事を理解する上で
の前提知識となる。

第1節　政治状況

1．カムプーイ事件：複数政党制導入要求

　2012年5月，カムプーイ・パンマライトーン党中央執行委員が自ら院長を
務める国家社会科学院の雑誌『社会科学』第6巻第11号に，複数政党制導入
を提言する論文を掲載した。カムプーイは2011年6月の第7期初回国会でも
イデオロギー教育を批判し話題となった。今回の論文でカムプーイは，党を
制限するメカニズムがないため党は社会や法を超えた存在となり，独裁は腐
敗を導くと指摘する一方で，複数政党制は競争を通じて，また野党や社会の
監視を受けることで支配政党が自己改革を行い，社会の要望に適宜対応する
ことを可能にし，さらには人々も適切な人物を選出できる制度だと主張した
（Khampheuy 2012）。そして婉曲的表現ながらも複数政党制の導入は不可欠とし，
人民革命党の現状に危惧を表明したのである。

　この背景には党・国家幹部の汚職や不正，また経済格差や土地紛争等の拡大
がある。カムプーイは人民革命党体制を完全に否定し「民主化」を求めている
のではなく，あくまで問題を解決し党支配体制を維持するために監視や競争メ
カニズムの導入を訴えている。事実カムプーイは「民主化」との表現は使用し
ていない。またシンガポールの例を取り上げており，選挙権威主義や競争的権
威主義体制への移行を視野に入れているとも考えられる[1]。いずれにしろ彼

第1章　第9回党大会以降の政治，経済状況

の主張は党路線とは相容れず，党中央執行委員と国家社会科学院院長から外れることになった。

カムプーイは有望な若手幹部であり将来の政治局候補あった。その経歴は興味深く，中国，ベトナム，旧ソ連で教育を受け，31歳の若さで党中央事務局勤務となりカムタイ元党議長兼国家主席に約10年間仕えてきた[2]。そして2003年に党中央事務局長となり，第8回党大会において48歳の若さで党中央執行委員（序列第37位）に選出された。第9回党大会では序列を28位にあげている[3]。経歴から考えて今回の第10回党大会では政治局または書記局に入った可能性があり，人事に少なからず影響を与えたといえる。

カムプーイ事件のもうひとつの影響は思想や内部崩壊への危機感である。間接的であれ中央執行委員から野党を許容する発言がなされたことは指導部にとっては衝撃であった。これまでは反体制勢力による外部からの平和的破壊活動である「和平演変」への警戒心が強調されてきたが，党内部からの破壊活動に対しても危機感を強めたのである。事実，第10回党大会では思想面の問題が重視され，「自己演変」という新たな文言が登場し内部崩壊への危機感が高まった（*Pasaason,* January 19, 2016）。

2．将来を嘱望された複数の指導幹部の死亡

2013年7月17日，サンニャーハック党中央執行委員兼国防副大臣が45歳の若さで病死した。サンニャーハックは建国の父であり初代党書記長カイソーン・ポムヴィハーンの子息である。父のように清廉な人物と評判であり，軍内で異例のスピード昇進を遂げてきた。その経歴は興味深く，中等，高等学校をモスクワで卒業し，そのまま旧ソ連の軍事アカデミーで教育を受けた。そして30歳の時にインドで軍事修士号を取得し，2006年には党中央執行委員となり国防副大臣に就任した。2009年には41歳の若さで少将に昇格している（*Vientiane Times,* July 19, 2013）。このような経歴から，将来は政治局員兼国防大臣を務めることが期待されており，党書記長に就任する可能性さえあった。サンニャーハックの死は間違いなく党内と国防省内人事に影響を与えたといえる。

2014年には4人の指導幹部が同時に死亡する事故が起きた。5月17日，シ

ェンクアン県に向かっていた空軍特別機が着陸直前で墜落し，ドゥアンチャイ政治局員兼副首相兼国防大臣，トンバン党書記局員兼公安大臣，スカン党書記局員兼首都ヴィエンチャン知事，チュアン党書記局員兼党宣伝・訓練委員会委員長の4人が死亡した（*Pasaason,* May 18, 2014）。4人の死は第10回党大会に4つの点で影響を及ぼしたと考えられる。

第1は党軍関係への影響である。ドゥアンチャイにはさまざまな「黒い噂」があるものの，党軍関係の安定を維持するために政治局に留任する可能性があった。いずれ軍歴のない幹部が党書記長，国家主席，国家副主席等のトップポジションにつくのは間違いないが，ドゥアンチャイの死によりそれが予想以上に速まり，党軍関係に少なからず影響を及ぼす可能性がある。

第2は，人事サイクルへの影響である。ドゥアンチャイはアッタプー県サイセーター郡生まれでチュムマリー党書記長と同郷であり，チュムマリーの後を追うように人民軍で昇進してきた。つまりチュムマリーはドゥアンチャイを政治局に残すことで影響力を行使できた。そして人民軍や党内でチュムマリーを引き上げたのはカムタイであり，当然ドゥアンチャイに影響力を及ぼす。ドゥアンチャイの死により2人の影響力が低下するとは考えられないが，当初想定していた国防省人事の流れが変わる可能性は否定できない。

第3は政治局人事への影響である。トンバン，スカン，チュアンの3人はそれぞれ61歳，60歳，59歳（死亡時）と中堅世代にあたり将来を期待された人材であった。トンバンとスカンは県知事を長く務めたことから地方行政に明るく，チュアンは党内や政府官房で経験を積んだ。つまり3人とも党政や行政の実務派であり第10回党大会で政治局入りする可能性があった。

なかでもチュアンの喪失は今後の国家建設にとって大きな痛手といえる。これが第4点目である。チュアンは22歳だった1977年に旧ソ連に留学し，1982年から1987年までは現地に留学する党・国家幹部の通訳を務めた。そこで旧ソ連留学組だった指導幹部の多くと関係を構築した。たとえば新たに首相に就任したトーンルン，国家副主席に就任したパンカム，副首相に就任したブントーン等である[4]。また1987年に帰国後は晩年の故カイソーン元党書記長の秘書を務め，その後も国家主席府や首相府で経験を積んだ。カムタイ元党議長とは同じチャンパーサック県出身である（*Pasaason,* May 20, 2014）。ここ数年は分権化政策である「3つの建設」（3建）の理論的裏付けを担い，新たな政治思

4

想・理論構築の中心的役割を果たしていた。つまり党大会で提示された「カイソーン・ポムヴィハーン思想」の具体化を担うはずであった。チュアンは政策的にも人脈的にも最もバランスのとれた幹部の1人であり，彼の喪失はラオスにとって大きな損失といえる。

3．プーペット政府官房大臣の拘束

　党大会直前の2015年12月末，Radio Free Asia（RFA）はプーペット政府官房大臣（前財務大臣）が拘束されたと報じた（Finney 2016）。拘束容疑は数年前に発覚したウドムサイ県での架空公共投資事業への関与である。2014年に国家会計監査機構が行った2012/13年度会計監査報告によると，ウドムサイ県で実際には存在しない25の架空公共投資事業に対して2000億キープの現金や，債券を含め3240億キープの国有資産が配分される不正があった（*Vientiane Times,* December 13, 2014）。プーペットは当時の財務大臣として債券発行に関与したとみられている。また大臣秘書官や財務省予算局長など関係者数人も拘束された。財務省，ラオス銀行，ウドムサイ県だけでなく，多くの幹部が直接・間接に関与したとみられており，捜査は首相やその他指導幹部周辺にも及んだともいわれている。

　近年はフアパン県やヴィエンチャン県等で末端職員が汚職により逮捕され，禁錮刑に処されるケースもある。また，架空公共投資事業の実施はウドムサイ県だけでなく，ルアンナムター県，セコーン県，そしてアッタプー県でも発覚している。しかしウドムサイ県の案件以外大きな事件に発展している様子はない。また党中央指導幹部の多くはこれまで汚職や不正を働いてもほとんど降格で済んできた。そのことを考えればプーペットの拘束は極めて珍しい。党大会直前に彼を拘束し，捜査を他の指導幹部周辺に及ぼすことには別の目的があった可能性がある。いずれにしろ今回の事件は党人事に影響を与えたといえる[5]。

4．サイソムブーン地域での襲撃・銃撃事件

　2015年11月からサイソムブーン地域で断続的に車輌襲撃・銃撃事件が起き，数名が死亡し数十人が負傷した（Gerin 2015b）。党大会後の2016年3月になっ

てもバスや車への襲撃事件があった。サイソムブーン地域はかつてのモン族反体制ゲリラの拠点であり，1994年に軍事管理を目的にヴィエンチャン県とシェンクアン県の一部を統合し，サイソムブーン特別区となった。その後治安問題が解決したことを受けて特別区は2006年に廃止され，5つの構成郡はヴィエンチャン県とシェンクアン県に再び割譲された。しかし2013年末になると，同地域の経済・社会インフラを整備し貧困削減を達成するために新たにサイソムブーン県が設立された。2016年は第10回党大会，国会・県人民議会選挙，そして秋にはASEAN首脳会議を開催し，オバマ大統領がアメリカ大統領として初めてラオスを訪問する。近年，同地域での反体制活動はほとんどなかったが，2016年の政治日程を控え反体制グループが活動を再開させた可能性は高い。このような動きは当然のことながら政治報告内容に影響を与える。また第3章で指摘されているように，党大会後にサイソムブーン県知事が交代し軍人が新知事に就任した。治安問題は人事にも影響を与えたのである。

5．ソーシャルメディアの普及：新たな政治言説空間の誕生

携帯電話の普及は目覚しく，2014年には現在の人口約649万人に対して携帯電話番号数は443万件となった（Ministry of Planning and Investment, Lao Statistics Bureau 2015, 101）。なかでも社会を変えつつあるのがスマートフォンとSNSの普及である。とくにFacebookユーザー数は急激に増え，2015年には96万～99万人に達したとみられている[6]。そしてFacebookは情報発信や議論の場としても活用され始めた。

たとえば2013年10月16日，首都ヴィエンチャン発パクセー行きのラオ航空301便が着陸直前に墜落し，乗客乗員合わせて49人全員が死亡する事故が起きた。墜落直後から多くの人がSNSを通じて事故情報を求め，航空関係者等がFacebookで乗客リストを公開した。そしてFacebookでは政府に対して迅速な情報開示を求める声，事故防止のためのルールづくりを求める声が寄せられ，なかには体制批判と受け取れる意見もあった。

それまでFacebookはあくまで個人の娯楽ツールであったが，この事故をひとつのきっかけとして「政治言説空間」としても機能するようになった。実際に今回の党大会時には，ラオス人ユーザーがFacebook上でさまざまな議論を

行い，選挙では特定候補者の応援メッセージを書き込む者もいた。これまで公に政治を語ろうとしなかった人々が意見を表明するようになったのである。そして今ではトーンルン首相のサポートページまで登場し，首相の動向や決定が公開され，そこにフォロワーがコメントを書き込み，また政府が応答するという仕組みができあがっている。閉鎖的独裁体制であるラオスでは，これは前代未聞の出来事といってよい（詳細は第3章を参照）。

　しかし政府はSNSの規制に乗り出した。その背景には，とくに若者が暴行の様子や交通事故現場の死体等の不適切な動画や画像を掲載することもあるが，やはりSNSの政治化に対する危機感がある。2014年9月16日，政府は「インターネットの情報管理に関する政令第327号」を公布した。この第10条では反体制・政府活動を誘導するような内容の掲載禁止が定められ，第26条は違反者に対して刑事罰を科すと定めた（Latthabaan 2014）。しかし何が反体制や反政府に当たるのか，またどの場合が重罪に当たるのかは定かでない。つまり政府はフリーハンドを得たことになる。

　これ以降，実際にユーザーが拘束される事件が起きている。たとえば2015年5月，サイニャブリー県で警察の不正を疑う写真をFacebookに掲載した女性が拘束された（Lipes 2015a）。6月にはルアンパバーン県で，県で最も有名な観光名所のひとつであるクアンシーの滝付近の土地を県が中国企業にコンセッション供与したとする文書をFacebookに掲載し，県天然資源・環境局職員が拘束された（Lipes 2015b）。

　またSNSを活用した直接的な反体制活動も起きた。2015年6月，ポーランド国籍のラオス人ブンタン氏（52歳）が反体制容疑で拘束され，9月に禁錮4年9カ月の実刑判決を受けた。ブンタンは元々反体制グループを組織し国外逃亡していたが，2010年に当局から逮捕されないという確証をえて帰国した。しかし2014年，ブンタンは外国の仲間と共謀しFacebook等SNSを通じて反体制活動を行ったとみられている（Gerin 2015a）。

第2節　経済状況

1. 順調な経済発展

　図1-1は1995年から2015年までのGDP成長率を示している。1990年代後半から2000年代前半はアジア経済危機の影響を受け失速したものの，過去20年間はプラス成長を続け，2006年から現在までは年率8%前後の経済成長を続けている。経済発展を支えているのはおもに4つある。

　第1は土地開発である。党は2006年の第8回党大会で経済開発を最優先事項と位置づけ（*Eekasaan koongpasum nyai khang thii VIII phak pasaason pativat lao* 2006, 44），「土地を資本に」という政策を本格化した。ラオスには資本，技術，市場，質のよい労働者が不足しているが，日本の本州とほぼ同じ国土面積に人口649万人しかいないため，土地が豊富に余っている。そこで企業に土地をコンセッション供与し（国土の使用権や事業にかかる建設，操業，採掘権等を供与すること），開発を進めてきたのである。具体的には水力発電を中心とするエネルギー開発[7]，鉱物資源開発，農業プランテーション開発である。どれも一定規模の土地を必要とすることはいうまでもない。

　第2は国内外の民間投資である。表1-1は1989年から2015年までの産業別の国内外投資額を示している。表からわかるように電力，鉱物，農業への投資が上位3位を占め，とくに外国投資はこれら3分野への投資額が他分野よりも圧倒的に多い。近年は製造業への投資も増えているが，成長の牽引役である3分野には及ばない。政府は電力，鉱物，農業の主要3部門に国内外の投資を誘致し経済開発を進めてきたのである。

　第3は政府公共投資と援助である。たとえば党は第9回党大会において2011〜2015年までのGDP成長率を8%以上に設定し，そのためにGDPの32%に相当する約127兆キープの投資（国内外民間投資と公共投資を含む）を行うとした。おもな内訳は国家予算10〜12%，政府開発援助（ODA）24〜26%，国内外民間投資50〜56%である（ケオラ 2012, 57）。実際の総投資額は4年間で149兆3000億キープ（計画の118%）に達している（Kaswang phaenkaan lae kaan long

図1-1 GDP 成長率（1995〜2015 年）

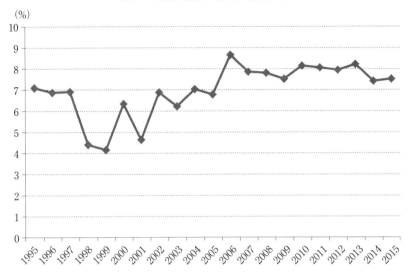

（出所） Asian Development Bank（ADB）. *Key Indicators*. 各年版。
（注） 2015 年は政府発表数値。

表1-1 産業別国内外投資（1989 年 1 月 1 日〜2015 年 12 月 31 日：認可ベース）

（単位：1万ドル）

	産業	件数	国内投資 民間	国内投資 政府	外国投資	総投資額
1	電力	49	70,556	138,919	520,821	730,296
2	鉱物	304	136,754	5,302	427,733	569,789
3	農業	990	32,114	1,748	270,760	294,622
4	サービス	671	52,792	9,426	192,210	254,428
5	工業・手工業	932	66,882	4,685	139,543	211,110
6	ホテル・レストラン	430	26,336	9,460	66,516	102,311
7	建設	150	17,190	2,164	63,294	82,648
8	テレコミュニケーション	18	4,421	13,896	47,952	66,269
9	木工業	211	10,833	305	29,876	41,014
10	金融	31	2,357	2,322	32,527	37,206
11	貿易	351	11,894	41	20,567	32,502
12	縫製	110	916	5	8,579	9,500
13	コンサルタント	172	1,735	−	4,958	6,693
14	公衆衛生	14	1,118	−	5,304	6,422
15	教育	85	1,222	50	1,825	3,098

（出所） ラオス計画・投資省HP（http://www.investlaos.gov.la/images/Statistics/rpt_Invest_Summary_Sector1A_1989-2015.pdf）。

thun 2015, 4)。

　一方の政府公共投資は 2011/12 年度（ラオスの財政年度は 10 月から翌年 9 月）は対 GDP 比 11.73 ％，2012/13 年度は 9.68 ％，2013/14 年度は 10.17 ％，ODA もそれぞれ対 GDP 比で 26.55 ％，24.51 ％，22.46 ％とほぼ目標通りであった（Thanaakhaan haeng soo poo poo lao 2015, 22, 25）。政府公共投資や援助が経済成長を支えてきた面は看過できない。

　第 4 は中国資金の流入である。1959 年から 2000 年までの中国による対ラオス支援は総額約 15 億 6000 万元（無償，無利子融資，優遇借款含む）だったが，2000 年から 2005 年は約 12 億元，2006 年は単年で約 7 億元となり（Siikhun 2007），2014/15 年度には約 15 億 2000 万元（無償 7 億元，無利子融資 2 億元，低利子融資 6 億 1750 万元）と大幅に増えた（*Vientiane Times,* May 29, 2015）。

　中国にはこれ以外に「対外経済合作」（経済協力）と呼ばれる独特の「援助」がある。これには資金を中国政府の優遇借款等から調達し，中国国内のコントラクターが入札を経て請け負うプロジェクトである「承包工程」，中国人労働者による労務提供である「労務合作」，また，中国企業が受注する「設計コンサルティング」がある（小林 2007）。表 1-2 からは 2000 年代に入り，中国の対ラオス「経済合作」が徐々に増えていることがわかる。とくに「承包工程」は契約ベースでみると 2006 年から額が大幅に増加している（表 1-3）。「承包工程」には中国政府の援助案件も含まれているため留意が必要だが，対ラオス経済合作が 2006 年頃から拡大していることは明らかだろう。

　援助拡大にともなって貿易額も増加した。表 1-4 からは両国の貿易額が 2006 年から大幅に増加していることがわかる。直接投資も同様である。計画・投資省によるとラオスが外資に門戸を開いた 1989 年から 2015 年まで，中国は総額約 62 億ドル（認可ベース）の投資を行っている。そのうち 2005〜2010 年の 5 年間は約 28 億ドル，2011〜2015 年の 5 年間が約 25 億ドルであり，中国による対ラオス投資が 2000 年代中盤から増加したことがわかる[8]。中国との経済関係が深化する時期と，ラオス経済が高成長期に入る時期が重なっていることは偶然ではないだろう。

　そして党は順調な経済開発に自信を深めている。その背景には実際に貧困率が低下していることがある。2015 年 12 月末に開催された第 4 回国家農村開発・貧困削減委員会会合では，2011〜2015 年に貧困郡が 53 郡から 23 郡に，

第 1 章　第 9 回党大会以降の政治，経済状況

表 1-2　中国による対ラオス経済合作（実施額）

（単位：1 万ドル）

年	承包工程	労務合作	設計コンサルティング	合計
1995	3,460	−	−	−
1996	4,766	−	−	−
1997	4,633	−	−	−
1998	14,768	274	9	15,051
1999	8,321	169	20	8,510
2000	9,077	273	21	9,371
2001	10,068	104	49	10,221
2002	13,677	132	142	13,951
2003	10,189	116	26	10,331
2004	13,284	201	851	14,336
2005	16,953	25	35	17,013
2006	15,192	3	12	15,207
2007	15,658	3	143	15,804
2008	22,530	67	903	23,500
2009	41,294	381	−	41,657
2010	57,310	154		57,464

（出所）　1995 年から 1997 年は『中国対外経済統計年鑑』，1998 年以降は『中国統計年鑑』各年版。

表 1-3　承包工程の契約数と額

（単位：1 万ドル）

年	契約数	契約額
1995	25	5,033
1996	11	7,950
1997	21	3,285
1998	50	14,768
1999	23	9,356
2000	25	6,171
2001	30	11,132
2002	53	16,894
2003	15	9,633
2004	29	12,327
2005	34	18,159
2006	32	36,379
2007	61	59,538
2008	15	38,387
2009	25	97,172
2010	43	83,457

（出所）　『中国貿易経済統計年鑑』各年版。

表1-4　中国による対ラオス貿易

（単位：1万ドル）

年	輸出	輸入	合計
1996	2,668	816	3,484
1997	2,293	582	2,875
1998	1,783	790	2,573
1999	2,216	956	3,172
2000	3,442	642	4,084
2001	5,441	746	6,187
2002	5,431	965	6,396
2003	9,824	1,120	10,944
2004	10,008	1,265	11,354
2005	10,338	2,555	12,893
2006	16,872	4,965	21,836
2007	17,794	8,592	26,386
2008	26,811	13,426	40,237
2009	37,717	37,463	75,180
2010	48,362	60,149	108,512

（出所）『中国統計年鑑』各年版。

貧困世帯は19万8678世帯から7万6604世帯に減少したことが明らかにされた（*Pasaason,* December 28, 2015）。ラオスは2020年に後発開発途上国からの脱却という国家目標に向けて着実に進んでいるのである[9]。2015年12月2日に行われた建国40周年記念式典においてチュムマリー党書記長兼国家主席は，「われわれは掲げた目標に向かって着実な歩みで進んでおり，誇りをもって断言できる。われわれの愛しい祖国が平和で幸福で，先進的に発展し，地域や国際舞台において我が国の役割が今日のように日々向上しているのはこれまでどの時代にもなかった」（*Pasaason,* December 3, 2015）と述べている。

2．拡大する経済発展の負の側面

順調そうにみえる経済発展の裏では，実はさまざまな問題が拡大している。たとえば土地問題である。開発プロジェクトにより多くの住民が低い補償額での移住を余儀なくされている。代替地も不十分な場合が多い。とくに近年は銅採掘現場からの汚染水やバナナ栽培関連の除草剤による環境破壊も問題となっている（Lipes 2015c; *Vientiane Times,* April 1, 2016）。北部ではバナナ栽培への

第1章　第9回党大会以降の政治，経済状況

土地コンセッション供与を中止した県もある（*Vientiane Times,* October 22, 2015;
Laophatthanaa, April 1, 2016, April 4, 2016）。全国ではこのような土地，環境問
題が後を絶たない。

　これに対して人々は声を上げ始め直接行動に出るようになった。たとえば
2012年，カムアン県の住民が土地収用への政府補償額に納得せず，他県の第
三者に解決を依頼しようとした際に2カ月以上警察に拘留される事件が起き
た（Finney 2012）。同じく2012年には首都ヴィエンチャンのタラートサオ・シ
ョッピングモールで，新規開発にともなう立ち退き条件に不満を示した商人達
が集会を開催し，行政に対して不満をぶつけた[10]。ボケオ県トンプーン郡で
は中国企業による空港建設に住民が反対し，武装した警官が出動する騒ぎが
2014年に発生した（Parameswaran 2014）。ラオスではこのような住民の直接行
動は極めて珍しい。自らの権利に対する人々の意識も変わりつつある。

　また経済格差も拡大している。2015年の首都ヴィエンチャンの1人当たり
GDPは約4300ドルとなったが（*Vientiane Mai,* October 1, 2015），北部ポンサ
リー県やフアパン県ではそれぞれ978ドル，864ドルであり[11]，約4〜5倍の
格差がある。家計支出・消費調査結果によると，ジニ係数が1992/93年度の
0.311から2012/13年度は0.364と上昇している（*Vientiane Times,* May 20, 2015）。
経済発展を遂げた一方で経済格差は以前よりも拡大しているのである。そして
格差の拡大はとくに農村地域での不満の一因となっている。

　財政赤字と債務も拡大している。IMFは2013年の報告書でラオス経済は拡
張的マクロ経済政策により「過熱気味」だとし，政府に対して財政緊縮と金
融引き締め策による経済の安定化を求めた（IMF 2013）。2012/13年度の財政
赤字は4兆4090億キープ，対GDP比5.5%となり前年度の2.3%から大きく拡
大した。財政赤字は深刻であり，76万キープの公務員手当の支給が中止され，
給与そのものが数カ月間遅配するという事態に陥った。

　政府の公的債務も拡大の一途をたどっている。対外債務は2013年が対
GDP比38.66%（推計値），2014年が同44.48%（推計値）と拡大傾向にある
（Thanaakhaan haeng soo poo poo lao 2015, 37）。とくに問題となっているのが不
透明な対内債務である。政府は経済成長を支えるため公共投資事業を実施して
きたが，折からの歳入不足により民間企業に費用を立て替え払いさせる形で事
業を行ってきた。民間企業は随意契約で選ばれるため事業コストは自ずと高く

13

なるが，国家機関との契約を担保に銀行から融資を受けることができる。政府は事業完了後に企業に対して債務を返済することになっていたが，支払いができず多くの建設企業が倒産の危機に瀕する事態となった。

2015年9月末の政府拡大会議では，20の中央機関，4県・都が29兆1070億キープ（1ドル＝8000キープ換算で約36億3800万ドル）の債務を抱えていることが明らかになった。しかし一部の機関と14の県は債務額を報告していない（*Vientiane Times,* September 29, 2015）。つまり政府は莫大な債務額を抱えている可能性がある。全体の債務額が不透明なまま政府は各国家機関や県に対して年間予算の35％を返済に充てるよう指示した（*Vientiane Times,* October 28, 2015）。しかしそれだけでは不十分であり，首都ヴィエンチャンは土地等の資産売却により資金を調達し債務を返済するという（*Vientiane Times,* October 2, 2015）。このような不健全な形の公共投資は経済成長を支えた一方で，金融制度，企業財務，国有資産に悪影響を及ぼしている。

そして手続きが不透明な事業は汚職や不正の温床となってきた。たとえばカムアン県の道路建設では120億キープが使途不明となり，2009年に行われた第25回SEA Game（東南アジア競技大会）の施設建設では150万ドルの損失金が明らかになっている（*Vientiane Times,* April 30, 2015）。また先述のようにウドムサイ県では架空公共投資事業に多額の現金や国有資産が配分された（*Vientiane Times,* December 13, 2014）。架空事業は他県でも行われており（*Vientiane Times,* March 1, 2016），この5年間で汚職や不正を理由に多くの公務員が逮捕され，実刑判決を受けている[12]。

これらは何も第9回党大会以降に新たに発生した問題ではなく，ほとんどが前回大会で指摘されたことである。つまりこの5年間で党が一連の問題に十分対応できなかったことを意味する。そしてそれは人民革命党への国民の信頼を低下させる一因となっている。

第 1 章　第 9 回党大会以降の政治，経済状況

おわりに

　第 9 回党大会以降の状況をみると，第 10 回党大会での人事や政治報告内容に影響を与えるいくつかの問題が発生していたことがわかる。将来を期待された幹部の降格，予期せぬ病死や事故死，また事件による人事サイクルの変更等は，党大会人事や政治報告内容に影響を与えたといえる。またSNSの普及により，公に政治について語ることを避けてきた国民が意見を表明するようになり，時には党・政府批判を行うようになった。それはラオスにおける新たな「政治言説空間」の誕生といってよいだろう。

　経済は順調に発展し党は自信を深めたが，土地紛争，経済格差，環境問題，財政赤字，汚職・不正，債務問題の拡大は，国民の党への信頼を低下させる一因となっている。人々の権利意識も高まってきた。このようにみると第 9 回党大会以降，政治，経済，社会では重要な変化があったことがわかる。第 10 回党大会はそのような変わり目のなかで開催されたのである。

　では人民革命党自身は，過去 5 年間の政治，経済，社会の変化や問題をどのように認識しているのだろうか。そしてそれをふまえてどのような国家建設方針を示したのだろうか。これらの問いへの回答は本書全体を通じて示されることになる。

【注】

(1)　たとえばShedler（2006, 3）は，定期的かつ競争的な複数政党選挙が実施されるものの，自由や公平といった自由民主主義の原理が侵される体制を「選挙権威主義」と定義し，Levitsky and Way（2010, 5）は，「公式の民主的制度が存在し権力獲得の主要な手段として認識される一方，現職が著しく優位に立てる文民体制」を競争的権威主義と定義している。いずれにしろ複数政党制による競争的選挙を実施するが，支配者が選挙に負けることはなく権威主義体制を維持する点で共通している。シンガポールは複数政党制による競争的選挙を実施しているが，人民行動党が選挙で負けることがない制度であり権威主義体制を維持し続けている。カムプーイはそのような権威主義体制を念頭においていたと考えられる。

(2)　1991 年の第 5 回党大会で党書記長は党議長に改称されたが，2006 年の第 8 回党大会で再び党書記長に変更された。またカムプーイの学歴や経歴については 2011 年の第 7

15

期国会議員選挙立候補時の選挙ポスター（2011 年 4 月 29 日撮影）に記された略歴に基づいている。

⑶　序列については *Eekasaan koongpasum nyai khang thii VIII phak pasaason pativat lao* 2006, *Eekasaan koongpasum nyai khang thii IX phak pasaason pativat lao* 2011 を参照。

⑷　各自の略歴は党内部資料による。

⑸　なお RFA によるとプーペット前大臣と拘束された数人は党大会後の 2016 年 4 月に釈放された *Radio Free Asia*, April 8, 2016（http://www.rfa.org/lao/daily/economy/corrupted-high-ranking-official-unpunished-04082016140645.html）。

⑹　Internet World Stats（http://www.internetworldstats.com/stats）によると 2015 年 11 月現在のユーザー数は 96 万人、Statista（http://www.statista.com/statistics/193056/facebook-user-numbers-in-asian-countries/）では 2015 年 11 月現在ユーザー数は 99 万人となっている。

⑺　サイニャブリー県ではホンサー火力発電所が稼働している。

⑻　外国投資額はラオス計画・投資省ホームページ（www.investlaos.gov.la/index.php/resources/statistics）。

⑼　本書執筆者の 3 人はこれまでラオスの 2020 年目標を「最貧国脱却」や「低開発国脱却」としてきた。しかし Least Developed County は後発開発途上国とするのが適切であると考え本書ではそれに統一している。

⑽　*Radio Free Asia*, September 22,2012.（http://www.rfa.org/lao/news-about-laos/store-owners-protest-demolition-mall-Lanxang-vientiane-09222012003657.html）。

⑾　ポンサリー県の数値は *KPL*, August 13, 2015（kpl.gov.la/detail.aspx?ide=5528），フアパン県の数値は *Vientiane Times*, November 10, 2015.

⑿　例えばフアパン県では 2005～2010 年まで汚職や不正等の詐欺的行為により 90 人が罰せられ，ヴィエンチャン県では 57 人の職員が国有資産や土地の不正使用に絡み罰せられている（*Vientiane Times*, October 20, 2015）。これら以外にも多くの汚職報道があった。管見の限りでは第 9 回党大会以降の 5 年間はこれまでで最も多くの汚職報道があった時期だといえる。

〔参考文献〕

＜日本語文献＞

ケオラ・スックニラン 2012.「第 7 次経済・社会開発 5 カ年計画（2011～2015 年）―資源・エネルギー部門に大きく依存した経済開発」山田紀彦編『ラオス人民革命党第 9 回大会と今後の発展戦略』アジア経済研究所 47-68.

小林誉明 2007.「中国の援助政策―対外援助改革の展開―」『開発金融研究所報』（35）10 月 109-147.

第1章　第9回党大会以降の政治，経済状況

＜英語文献＞

Finney, Richard 2012. "Land Resister Locked Up." *Radio Free Asia*, December 28, 2012 (http://www.rfa.org/english/news/laos/land-12282012152513.html).

───2016. "Former Lao Finance Minister Named in Corruption Probe." *Radio Free Asia*, January 8, 2016. (http://www.rfa.org/english/news/laos/corruption-01082016142933.html).

Gerin, Roseanne 2015a. "Wife of Jailed Lao Activist Asks Poland's Justice Ministry For Help With Extradition." *Radio Free Asia*, October 8, 2015. (http://www.rfa.org/english/news/laos/wife-of-jailed-lao-activist-asks-polands-justice-ministry-for-help-with-extradition-10082015141536.html).

───2015b. "Deadly Attacks by Bandits in Laos Leave One Dead, Three Injured." *Radio Free Asia*, December 28, 2015. (http://www.rfa.org/english/news/laos/deadly-attacks-by-bandits-in-laos-leave-one-dead-three-injured-12282015124911.html).

───2016. "Laos And China Come to Terms on Loan Interest Rate For Railway Project." *Radio Free Asia*, January 4, 2016. (http://www.rfa.org/english/news/laos/laos-china-come-to-terms-on-loan-interest-rate-for-railway-project-01042016163552.html).

IMF (International Monetary Fund) 2013. *Lao People's Democratic Republic.* (IMF Country Report No.13/369) Washingoton, D.C.: IMF.

Levitsky, Steven and Lucan A. Way 2010. *Competitive Authoritarianism: Hybrid Regimes after the Cold War.* Cambridge: Cambridge University Press.

Lipes, Joshua 2015a. "Lao Woman Detained After Posting Police Extortion Photos to Facebook." *Radio Free Asia*, May 28, 2015. (http://www.rfa.org/english/news/laos/detention-05282015140757.html).

───2015b. "Lao Whistleblower Detained For Publishing Concession Document Online." *Radio Free Asia*, July 6, 2015. (http://www.rfa.org/english/news/laos/whistleblower-07062015141229.html).

───2015c. "Pollution From Copper Mining in Northern Laos Destroying Local Livelihoods." *Radio Free Asia*, July 25, 2015. (http://www.rfa.org/english/news/laos/laos-mining-07242015151423.html?searchterm:utf8:ustring=pollution+from+copper).

Ministry of Planning and Investment, Lao Statistical Bureau 2015. *Statisctial Year Book 2014.* Vientiane: Ministry of Planning and Investment, Lao Statistical Bureau.

Parameswaran Ponnudurai 2014. "Lao Rice Farmers Defy Police Orders to Give Up Land to Chinese Firm." *Radio Free Asia*, January 22, 2014. (http://www.rfa.org/english/news/laos/landgrab-01222014215351.html).

Schedler, Andreas 2006. "The Logic of Electoral Authoritarianism." In *Electoral Authoritarianism: The Dynamics of Unfree Competition,* edited by Andreas Schedler,

17

Boulder: Lynne Rinner Publishers, 1-23.

＜ラオス語文献＞

Eekasaan koongpasum nyai khang thii VIII phak pasaason pativat lao ［ラオス人民革命党第8回党大会文書］2006.

Kaswang phaenkaan lae kaan long thun ［計画・投資省］2015. *Visaithat hoot pii 2030 lae nyutthasaat kaan phatthanaa seethakit-sangkhom lainya 10 pii (2016-2025) haeng thii 5* ［ビジョン2030と経済・社会開発10カ年（2016－2025年）戦略第5次草案］Vientiane, Kaswang phaenkaan lae kaan long thun.

Khampheuy Panmalaythong 2012. "Baang khwaamkhit kiaw kap banhaa phak kam amnaat." ［権力政党に関する諸問題］*Vaalasaan vithanyasaat sangkhom* ［雑誌社会科学］06（11）1-6.

Latthabaan 2014. *Dam lat vaa duay kaan khum khoong khoo muun khaaw saan phaan internet, leek thii 327* ［インターネット上の情報管理に関する政令第327号］.

Siikhun Bunvilay 2007. *Maak phon kaan huam muu lao-chin* ［ラオス・中国合作成果］, Vientiane: hoongkann khana kammakaan huammuu lao-chin ［ラオス・中国協力委員会事務所］.

Thanaakhaan haeng soo poo poo lao ［ラオス人民民主共和国銀行］ 2015. *Bot laaygaan seethakit pacham pii 2014* ［2014年経済報告］. Vientiane: Thanaakhaan haeng soo poo poo lao.

＜新聞＞

Laophatthanaa

Pasaason.

Vientiane Times.

Vientiane Mai.

第 2 章

人民革命党の現状認識と今後の国家建設方針

——政治報告分析——

山 田　紀 彦

はじめに

　党大会では党書記長が政治報告を行い，前回党大会以降の成果や課題に対する党の認識を示し，そのうえで今後の国家建設方針が提示される。つまり政治報告をみれば，過去 5 年間の成果と問題点とともに，それらをふまえた党の方針を把握することができる。

　第 10 回党大会で政治報告を行ったチュムマリー党書記長（役職は党大会時，以下同じ）は，「誇りをもって断言できるのは，党が領導した時代において我が国家がこのように平静で発展した時期はないであろう」（*Pasaason,* January 19, 2016）と述べている。チュムマリーは 2015 年 12 月の建国 40 周年記念式典でも同様の発言をしている。以上からは党指導部が現状に対して大きな自信を抱いていることがわかる。

　しかし第 1 章で指摘されているように，ラオスは第 9 回党大会以降の 5 年間で順調な経済成長を遂げた一方で，さまざまな問題を抱えており国民の党への信頼は低下している。決して順風満帆な状況ではない。では，人民革命党は過去 5 年間の問題をどうとらえ，どのように現状を認識し，それをふまえてどのような国家建設方針を提示したのだろうか。

　本章では第 10 回党大会で提出された政治報告の分析を通じて，以上の問いに答えていきたい。以下第 1 節では，第 9 回党大会以降の状況に関する党の認

識を考察する。そして第 2 節では，党がどのような国家建設方針を示したのか
その全体像を明らかにする。なお，経済と社会についてはそれぞれ第 4 章と第
5 章で詳細に考察しているため，本章では全体の方針を概観したうえで政治を
中心に論じることにする。

第 1 節　第 9 回党大会以降の状況に対する党の認識

1．大会スローガンにみる党の認識

　2001 年の第 7 党大会以降，大会スローガンが明示的に掲げられるようになっ
た。第 10 回党大会のスローガンは以下のとおりである。

　　　「党の領導能力と前衛性を向上させ，ラオス人民の大団結を強化し，全
　　　分野における刷新路線を堅持し，かつ原則を有し，持続的方針に沿って国
　　　防と国家建設を行い，着実に社会主義の目的に至る。」(*Pasaason,* January
　　　19, 2016)

　これだけでは現状に対する党の認識を読みとるのは難しい。そこで第 9 回党
大会のスローガンをみよう。

　「全ラオス人民の一枚岩的団結と党内統一を強化し，党の領導的役割と能
力を高める。刷新路線を執行することにおいて突破口となる段階を形成する。
2020 年に国家が貧困から脱却するための強固な基礎を建設する。引き続き
社会主義の目的に向かって前進する。」(*Eekasaan koongpasum nyai khang thii IX
phak pasaason pativat lao* 2011, 10)

　ふたつのスローガンを比較すると，党の領導力，国民の団結強化，刷新路線
の堅持や執行，また社会主義の目的に至るという目標に変化がないことがわか
る。一方で国家建設に対する認識ではふたつの大会でちがいがみられる。
　第 9 回党大会は 2020 年の後発開発途上国脱却に向けて基盤を強化し，目

標達成のための突破口を形成することが強調された。これは 2009 年に国連がラオスのミレニアム開発目標達成が難しいとの評価を下したこと（The Government of Lao PDR and UN 2008），また党自身も現状を打破しなければ後発開発途上国脱却は難しいと判断していたことが背景にある。当時は刷新路線を執行し，2020 年目標達成への道筋を整えることが最優先課題だったのである。

　しかし第 10 回党大会では後発開発途上国脱却に対する焦りは感じられない。それは後述するように，過去 5 年間の年間経済成長率がほぼ目標どおりの平均 7.9％となり，数字上は貧困率が大きく低下したからである。では第 10 回党大会での課題は何だろうか。第 9 回党大会スローガンにはない「前衛性」「原則」「持続的方針」という文言に鍵がある。

　人民革命党はマルクス・レーニン主義政党である。したがって党員は知識や能力を有し，すべての任務において国民を先導し模範とならなければならない。党中央宣伝・訓練委員会によると「前衛性」とは，党と人民の理想のために犠牲になり，人民に従事し，党内や社会における否定的現象（麻薬や汚職などの社会問題を指す）や敵の破壊活動と断固闘争することである（Khana khoosanaa ophom suun kaang phak 2015b, 21-22）。このような「前衛性」は以前から党員に求められてきた。しかしあえて今大会スローガンで強調したのは，そのような前衛性が党員に欠如し，汚職や不正等が拡大しているからだと考えられる。

　「原則」については「政治報告」で明示的に示されていない。一方で第 9 回党大会では刷新路線執行のための「6 つの原則」が明記されている。宣伝・訓練委員会が 2015 年に公刊した党史概要（Khana khoosanaa ophom suunkaang phak 2015a）や 党 員 研 修 用 文 書（Khana khoosanaa ophom suunkaang phak 2015b）でもそれに変更はない。したがって「原則」とは「6 つの原則」を意味していると考えられる。

　「6 つの原則」が初めて登場したのは 1989 年の第 4 期党中央執行委員会第 8 回総会であり，そこでは以下のように定められた。

　（1）マルクス・レーニン主義を堅持し，新しい時代における我が国の革命の特徴を把握する

　（2）マルクス・レーニン主義は我が党の基本思想であり，我が人民のすべての義務を指示する

　（3）党の指導は我が人民の革命任務の勝利にとって決定的な条件である

（4）民主集中原則にのっとった民主主義の向上と拡大，党指導下で人民を根幹とする
（5）人民民主主義独裁の勢力と権威を拡大する
（6）愛国主義，国際労働主義，国際社会主義の連携，国力と時勢の連携を行う

（*Mati khoong koongpasum suunkaang phak khang thii 8 samai thii IV* 1990）

しかし先述の宣伝・訓練委員会のふたつの文書をみると，6つの原則は以下のように修正されている。
（1）社会主義の目的を堅持する
（2）マルクス・レーニン主義の創造的適用と我が国の特徴への適合を堅持する
（3）党指導を堅持し，民主集中原則と党路線に基づき党内の統一的団結を向上する
（4）民主主義と諸民族人民の主人権を促進し，全人民の団結力と統一ラオス民族の一体性を構築する
（5）人民民主主義権力制度の権威を向上し，人民の力に依拠し，人民のために，すべての形態の官僚主義に反対する。
（6）時勢と結び付き，主体的独立心を向上する

（Khana khoosanaa ophom suunkaang phak 2015b, 16-17）。

1989年に示された6原則は，当時の社会主義圏で起きた民主化への危機感が強く反映されていた。一方現行の6原則は，マルクス・レーニン主義の堅持等の基本原則は変わらないものの，人民のため，官僚主義への反対，主体性の向上等，現在の課題に対応した内容に修正されている。「持続的方針」と合わせて考えれば，新たな「原則」に沿って刷新路線を執行し，持続的な国家建設を通じて社会主義建設を行うということになろう。

以上の大会スローガンからでも第9回党大会以降の認識の変化が読み取れる。つぎに政治報告で示された5カ年の成果と課題から，党の認識についてさらにみることにする。

22

第2章　人民革命党の現状認識と今後の国家建設方針

表 2-1　5 カ年の成果概要

1.
・独立，主権，不可分な領土が堅実に守られ，人民民主主義体制が着実に安定し，社会が平静かつ安全で基本的に秩序を有している。 ・ラオス人民の生計にとってより便利な条件を供与し，投資家や国内外起業家の信頼を構築し，刷新路線の執行および地域や国際との主体的な統合を確実にした。
2.
・5 カ年の平均成長率 7.9%，2014/15 年度の国内総生産は 102 兆 3200 億キープ（128 億ドル），1 人あたり平均所得は 1580 万キープ（約 1970 ドル）となった。 ・人民の貧困問題の解決を突破し実質所得を向上させた。経済構造も積極的に転換し，優位性のある分野の工業化と近代化が行われた。たとえば電力エネルギー開発は 2010 年比で 3 倍となった。 ・経済・社会インフラ開発は都市だけでなく農村において過去に例をみないほど進んだ ・我が党は持続的開発という方針に沿って，社会開発及び環境保護と結び付いた経済開発を中心とすることを堅持し，国内外全ての経済部門の促進という方針を実施し，中小企業と大企業がともに成長するための必要な条件を構築した。 ・工業化と近代化，また知的経済に転換する基本的な要素が芽生えてきた。
3.
・文化・社会部門は量・質的に拡大し，ミレニアム開発目標（MDGs）の多くを達成した。 ・人的資源開発を中心かつ優先とし，教育の質を積極的に転換し教育に対する間違った価値観を転換した。 ・中央と地域の病院施設の質を向上し，基本的なサービスと保健網を農村地域や遠隔地域の重点地区にまで拡大し，保健分野でも重要な成果を収めた。 ・少数民族の物質的文明化と保護，また漸進的な開発を重視した。人民の文化生活は向上した。 ・観光事業は発展し，外国人観光者数と観光収入は引き続き増加している。 ・社会保障制度を拡大し，雇用の創出や労働者の利益保護に配慮した。
4.
・3 つの建設方針に沿って，地方基層に権利と管理を分散することで政治制度の改善を専心的に行った。3 つの建設業務は人民民主主義体制の安定と持続にとって当面かつ長期の重要戦略であり，人民が富み幸福で，国家が富強で，社会が融和で団結し，民主的かつ公正で文明的であるという路線に沿った新しい条件下の徹底的かつ全体的な革命である。 ・国会は諸民族人民の権利と公平な利益の代表という地位において改善され，有権者との会合に注力し，日常的に人民の不服申立を正しく迅速に協議・解決した。 ・2015 年に憲法改正を行った。 ・国会議員の民主的権利は促進され，国家予算執行と資産を主体的に監査した。 ・政府と地方行政機関は法に従ったマクロ管理，国家管理，経済・社会管理という役割の執行に注力し，中央部門間および中央と地方の業務分散や連携メカニズムを改善した。

- 司法分野では，人民検察院および司法が法の保護という役割の執行に注力し，社会は公正を保った。組織の改善や人材育成に注力し，同分野の幹部人材の能力を積極的に向上させ，訴訟案件はより迅速に，客観的に，正しく，公正に解決するようになった。
- 国家会計監査機構は，国家予算や財政管理，国有資産管理という役割を執行し，各予算単位が法や諸規則を遵守するようにし，また監査の専門性を積極的に強化した。
- 各級の国家建設戦線は，新時代における党の統一戦線業務の実施を主体的に行い，党・国家の政策や業務に対する社会の意見集約の中心として重要な役割を果たした。
- 市民の信仰・非信仰の自由権とともに，憲法や法律，また民族のすばらしい伝統，慣習，品徳と齟齬を来さない活動を尊重してきた。多くの社会組織が設立され，経済・社会開発や社会の団結に積極的に貢献し，災害被害者等への支援を行った。

5.
- 国防と国家開発，地域と世界の平和，友好，協力に重要な貢献を果たした外交活動を主体的に指導した。地域や国際社会におけるラオスの役割と影響力はこれまで以上に向上した。平和，独立，協力，友好，統合の外交路線を引き続き堅持し，全方位，多国間，多様なレベルの関係を促進した。

6.
- 政治・思想分野，組織，領導様式において自己改善を行った。我が党は，社会全体が引き続き全面的な刷新路線と原則に沿って2つの戦略的任務を執行することを領導する強健な政治勢力であり，多くの基本的成果を収めた。
- 党自身および外国の理論研究業務と実践の総括は改善され，新しい条件下での領導に見合うようレベルが向上し，我が党が諸分野の路線と政策計画を正しく適切に修正することに寄与した。
- 党建設を引き続き実施し，党の組織制度と党員幹部は中央から基層まで量と質の両面で拡大し，党路線と原則に基づく統一的団結を有している。党内民主と党員の主体的権利は積極的に促進されている。
- 党中央と各級の党委員会は基層人民や実際の業務と密接な指導様式・方法を堅持した。党員や党組織の前衛的模範生の促進とともに，勇敢に考え，行動し，責任を負うという様式を推し進めた。
- 検査業務を重視し，党・国家機関や党員・職員幹部に起こる否定的現象を抑え，解決した。

総括
- 国家の様相は大きく変化し，都市部だけでなく農村部においても開発が進み，政治体制は強化され安定し，社会は融和で団結し，平静で基本的な秩序を維持し，経済は引き続き発展し，諸民族人民の物質的かつ精神的生活は以前よりも改善され，地域や国際社会における我が国の役割や影響力は日々高まっている。
- 誇りを持って断言できるのは，党が領導した時代において我が国家がこのように平静で発展した時期はないであろう。

（出所）*Pasaason*, January 19, 2016 を基に筆者作成。

第2章　人民革命党の現状認識と今後の国家建設方針

２．５カ年（2011～2015年）の成果

　表2-1は政治報告で示された第9回党大会以降の成果である。最も大きな成果は経済発展であろう。目標の8%に届かなかったものの過去5年間の経済成長率は平均7.9%を達成し，1人当たりGDPは目標の1700ドルを超え1970ドルとなり，貧困問題の解決を突破し所得を向上させたとの認識が示された[1]。この背景には貧困率が大きく低下したことがある。

　2015年12月末に開催された第4回国家農村開発・貧困削減委員会会合では，全国の貧困郡が2011年の53郡から23郡に減少し，貧困村は1439村減の1736村となり，貧困世帯は12万2074世帯減の7万6604世帯（全世帯の6.59%）になったことが明らかになった（*Pasaason,* December 28, 2015）。農村部の人々の生活はさほど向上していないとの指摘もあるが，以上の削減率が党の自信を支える大きな要因となっている。

　また工業化，近代化，知的経済への転換にとって基本的要素が芽生えたとの認識も示された。とくに具体的に言及された電力セクターは2015年現在，発電所38カ所，生産能力は2010年比3倍増の333億1500万KWh/年となり，2011～2015年の生産額は2006～2010年比9.22%増の94兆3420億キープとGDPの12%を占めるようになった。2020年には60基の発電所が稼働し，GDPの20%を同部門が占めるようになるという（*Pasaason Socio-Economic,* January 19, 2016）。もちろん党が考える経済的成果はこれだけではない。農村部でのインフラ拡大，経済特区や外国直接投資の増加等さまざまな成果がある。

　一方政治では，3つの建設（3建）方針に沿って政治制度改革を行ったことが成果とされている。3建とは第9回党大会で示された「県を戦略単位に，郡を全分野における強力な単位に，村を開発単位に建設する」（*Eekasaan koongpasum nyai khang thii IX phak pasaason pativat lao 2011,* 37；山田・矢野・ケオラ 2012, 117）という地方への権限と業務の委譲であり，いわゆる「地方分権」である[2]。

　政治局は2012年2月15日に3建具体化のための「政治局決議第03号」を公布した（Phak pasaason pativat lao kom kaan meuang suunkaang phak 2012）。チュアン党宣伝・訓練委員会委員長（当時）の言葉を借りれば3建とは，(1)新

25

しい時代の革命，(2)基層（村など末端レベルを指す）の主体性の向上，(3) 新た
な段階への開発の推進である（*Pasaason,* November 26, 2012）。その目的は一部
の権限を中央から地方に委譲することで地方の主体性を向上させ，かつ国家管
理の効率的な実施を通じて基層開発を促進し，貧困削減を達成することとなる。
つまり3建の主要目的は，ミレニアム開発目標の達成や「2020年の後発開発
途上国脱却」にあった。

　しかし政治局が2014年12月22日に公布した3建に関する新たな決議第25
号によると（Phak pasaason pativat lao kom kaan meuang suunkaang phak 2014），
地方の主体性向上という基本方針は変わらないものの，地方党組織が透明性と
前衛性を向上させるよう改善すること，人民の権利と利益を核とし社会の平等
と公平性を保障すること，また所得格差を是正することが方針に加わった。3
建も「6つの原則」と同様に現状に即して内容が修正され，その目的は経済開
発の負の側面の是正へとシフトしたのである。そして第10回党大会で3建は
「人民が富み幸福で，国家が富強であり，社会が融和で団結し，民主的かつ公
正で文明的であるという路線に沿った新しい条件下の徹底的かつ全体的な革命
である」（*Pasaason,* January 19, 2016）と位置づけられた。3建はもはや政治制
度改革や貧困削減だけでなく，国家建設全体の指針になったといえる。

　3建に基づく改革は多岐にわたるが，最も重要な改革は2015年の憲法改正
とそれに伴う議会改革だろう。改正憲法第52条では，1991年に憲法が制定さ
れて以降，国会が初めて国家権力の最高機関と位置づけられた（Saphaa haeng
saat 2015）。近年の国会はホットライン（国民が電話等を通じて自由に意見をい
える制度）や不服申立制度（行政や司法への不満を国会に訴える制度）を整備し，
国民の不満緩和機能を備えるようになった。国会は単なる党の「ゴム印機関」
ではなく重要な政治アクターになりつつある。このような実態に加え党と国家
の分離を進めるためにも，形式的とはいえ国会を国家権力の最高機関に位置づ
ける必要があったといえる。

　そして今回の憲法改正では1991年に廃止された県人民議会が復活した。こ
の背景には地域ごとに経済・社会問題が多様化したため，住民の政治参加を通
じて地方が主体性を向上させ自ら問題解決にあたる必要性が高まったことがあ
る。そして県人民議会の復活に伴い人事権に大きな変更があった。まず県・都
知事に関する人事権が国家主席から首相に移された。これまでは首相の提案に

従い国家主席が知事を任命・罷免していたが，今後は県人民議会常務委員会の提案を県人民議会が承認し（第77条），その後に首相が任命・罷免を行うとなった（第72条）。また首相に付与されていた省庁や地方行政機関の組織構成に関する決定権，大臣が有していた県部門長の任命権等が県に委譲された。県人民議会には県行政機関の設立や廃止，また県部門長の任命や罷免に関する県・都知事の提案を審議，承認する権限が付与されたのである（Saphaa haeng saat 2015）。

　しかし以上の分権化により県が人事や組織に関して自由裁量権を得たわけではない。現在は中央省庁が県と郡に直接の出先機関をおく部門別管理制度を採用し中央集権管理を行っている。その制度自体に変更はないため，今回の憲法改正によって管理権と人事権の所在に食いちがいが生じたことになる。つまり県は人事や組織に関して中央省庁と折衝する必要がある。これは現行の部門別管理制度でも同様であり，中央省庁は出先機関の人事や組織を決定する際は県と折衝しなければならない。また実質的には党中央が決定している県知事の人選を県に委譲するとも考えられない。したがって今回の改正により実態が大きく変化するわけではないが，中央との折衝において県の優位性が強まる可能性はある。

　また任期規定も導入された。国家主席（第66条）と閣僚（第71条）の任期は2期連続を超えないと定められた（Saphaa haeng saat 2015）。第9期党規約第17条第2項は党書記長の任期を2期と規定したが（*Kot labiap khoong phak pasaason pativat lao* 2011, 42），これまで国家主席の任期規定はなかった。通常は同一人物が党書記長と国家主席を兼任するため，党書記長に合わせて国家主席の任期を定めたといえる。また閣僚任期を規定することで汚職を防止し，人事サイクルを明確にするねらいもあると考えられる。

　チュムマリー党書記長は成果の総括にあたり，国家の様相は大きく変化し，都市部だけでなく農村部においても開発が進み，社会の融和や団結は保たれ，人々の生活が物質的かつ精神的にも改善され，外交においてもラオスの役割や影響力が日々高まっているとの認識を示した。そして「誇りをもって断言できるのは，党が領導した時代において我が国家がこのように平静で発展した時期はないであろう」（*Pasaason,* January 19, 2016）と述べている。

表 2-2　過去 5 年間の問題点と課題

1．政治思想教育 ・政治思想・教育訓練は多様な形式かつ多様なレベルで実施したが，党の刷新路線に対する知識と理解はいまだに深まっていない。 ・思考・思想分野の転換のための突破が深く徹底的にできていない。 ・第 9 回党大会決議や諸決議の内容を能力・潜在能力に適した事業計画やプロジェクトに転換し，人民に利益をもたらすことがいまだに遅れている。
2．経済 ・成長しているが基礎は固まっておらず，マクロ経済はいまだに均衡していない。 ・天然資源採掘および原材料の輸出に依存し，生産物に十分な付加価値をつけることができない。 ・開発が持続的かつ環境に優しくない ・経済構造は転換しているけれども生産性は低く，農業分野における工業化と近代化への基礎作りは遅れている。 ・公共投資管理は厳格でなく，重点を欠き十分効果的でない。 ・国家予算の活用は浪費的で漏洩している。計画規律や財務規律は十分厳格でなく，不明瞭で長期の債務をもたらし，解決が難しく透明性を欠いている。
3．人材開発 ・人材資源開発が経済・社会開発と適切に調和していない。 ・専門性や技術を持った幹部職員を構築していない。 ・ラオス人労働者は技術を欠き，忍耐力が低く，勤労規律を欠いているという環境が，労働市場での競争力を低下させている。 ・民族の素晴らしい文化が失われた分野があり，正しくない価値観が社会に蔓延している。 ・一部の伝統的慣習は開発の妨げとなっている。贅沢，（外国のものと）混ざった文化や生活様式，麻薬，社会災害などの否定的状況がある。
4．法治 ・法による国家管理，経済・社会管理は厳格でなく，（権力）の利用や法律違反がある。 ・多様な形や異なるレベルの汚職を生み出した。 ・問題や事件の解決，紛争の解決における中央機関間，また中央と地方の連携は調和的でなく，法に厳格ではない。
5．国防・治安 ・人民による全面的な国防と治安維持思想の宣伝訓練と実施は，一部地方で思わしくなく，一部地域の平静は揺らいでいる。 ・外国人や社会組織管理における中央と地方の連携は思わしくない。 ・情報技術の管理と活用は時宜にかなっていない。
6．検査業務 ・上級と下級のあいだ，組織による個人への検査および部門に沿った検査が原則や党の見解に沿って厳格になされていない。 ・検査結果の解決は遅く，決然となされてなく，効率的ではない。

・組織や党員，職員幹部における否定的現象は徹底的に断固として解決されていない。各級や各部門の検査委員会や検査職員の能力や有効性は十分高くはない。
7．党員の政治的資質や革命的道徳
・党員・職員の政治的資質，革命的道徳心，業務様式，人民への奉仕の心や集団の犠牲心は退行している。
・官僚主義や人民からの乖離，職位を利用し個人の利益を追求することは多くのレベルで見受けられる。
・汚職は一般的に蔓延し，厳格に断固解決されていない。これらは我が党の役割や影響力にとって挑戦的な問題である。

（出所）*Pasaason,* January 19, 2016 を基に筆者作成。

3．過去5年の問題点

　過去5年間で大きな自信を得た一方で，表2-2のように多くの問題点も残っている。まずは貧困面の突破に比して思考・思想面の突破が十分でないことが指摘されている。人民革命党はイデオロギー政党であり，思想面の緩みが党・国家幹部の汚職や不正の拡大をもたらしたとの認識なのだろう。

　経済では，天然資源への依存，付加価値や生産性の低さ，持続的でも環境にも優しくない開発，公共投資管理の厳格性欠如，国家予算の漏洩，不十分な財務規律，不明瞭で長期の債務，汚職の蔓延等，多くの問題が記されている。もちろんこれらは過去5年間で現れた新しい問題ではなく，多くは第9回党大会でも指摘されている。しかし今大会では前回大会以上に問題の詳細が記されており，過去5年間ですべての問題が悪化したことを窺わせる。とくに汚職や予算漏洩等は人的問題であり，党員・職員の政治的資質の退行が指摘される所以である。党は，「党の役割や影響力にとって挑戦的な問題である」（*Pasaason,* January 19, 2016）とし，危機感を強めている。

　表2-2の問題点をふまえて党は現状認識を以下の6つにまとめている。

（1）党員・職員の政治的資質，闘争の前衛的模範性はいまだに新しい条件や環境での政治的任務の需要に見合っていない。また，党指導の役割や能力に影響を与える汚職や規則違反等の否定的現象がある。

（2）市場経済メカニズムの活用や国際統合は経済・社会を拡大させている。しかし我が国の競争力がいまだに高くないなかで，競争が厳しさを増し

ている。

（3）開発の要請は日々高まっているが財源や人材が制限されている。

（4）これまでの開発は日々債務を蓄積していったが，債務返済能力に乏しく困難に直面している。国内収入基盤は強固で安定していない。

（5）気候変動，自然災害，グローバル化等，地域や国際の変化や複雑な状況は推測が難しく，我が国に影響を与える。

（6）敵対勢力や悪玉分子はいまだに我が国に対する和平演変を放棄せず，それは日々激しくなり，新しい近代的通信テクノロジーを体制破壊活動の手段として活用し，これまで以上に悪質になっている。

チュムマリーが示した「党が領導した時代において我が国家がこのように平静で発展した時期はない」（*Pasaason,* January 19, 2016）との認識は本心だろう。しかし以上のように党の指導力に悪影響を及ぼす問題が拡大しており，党が今後への危機感を強めていることも事実である。

第2節　今後の国家建設方針

今大会の特徴は2030年までの長期ビジョンであるビジョン2030，2025年までの中期戦略，そして5カ年（2016～2020年）計画を提示したことである。以下では今後の国家建設の大方針について述べ，つぎに政治制度改革と党建設方針について考察する。

1．ビジョン2030と持続的経済開発

今大会では2030年までにGDPを2015年比で4倍以上とし，上位中所得国入りを果たすというビジョン2030が提示された（*Pasaason,* January 20, 2016）。それは，今後も経済開発を最優先に国家建設を進めていくという党の意思表示でもある。

2030年までの過程は以下のようになっている。経済成長率は7.5％を下回らず，2020年時点で1人当たりGDPは平均3190ドルとなり後発開発途上国を脱

第 2 章　人民革命党の現状認識と今後の国家建設方針

表 2-3　ビジョン 2030 概要

経済
・上位中所得国となり，財政的に自立し，財政・金融が近代的かつ効率的となる。 ・工業およびサービスと結び付いた農業という経済構造を構築する。 ・地域開発に注力し，開発の格差を縮小する。 ・天然資源を有効に活用する。 ・知的経済，工業化と近代化，グリーン経済および環境に優しいとの方針に沿って経済開発を行い，人民の多くが生活を向上し幸福となる。 ・人材資源が近隣諸国や国際社会に見合うように育成され，力強い生産力となり，国家の経済・社会開発の需要に応えられるようにする。
社会
・開発がグリーン成長，文化・社会開発，環境保護とバランスを保つ。 ・気候変動や外部危機に対処できるよう安定的かつ持続的方針に沿って環境を保護する。 ・諸民族人民が一枚岩的に融和団結し，社会が民主的かつ公正で，そして文明的となる。 ・民族および各少数民族のすばらしいアイデンティティである価値ある伝統的文化が保護・促進され，そして豊かに発展させる。
政治
・人民の人民による人民のための人民民主主義国家という様相が明確に表れ，政治制度が中央のマクロ管理能力，地方基層の主体性の促進という方針に沿って修正される。 ・市民の権利は権威ある法に沿った国家管理によって保障される。
外交
・地域や国際社会との統合を拡大し，各分野における外部との競争力を高める。

（出所）*Pasaason,* January 19, 2016 を基に筆者作成。

却する。そして 2025 年までにGDPは 2015 年比で 2 倍以上にするとしている
(*Pasaason,* January 19, 2016)。

　しかし第 4 章で論じられているように，このようなペースで経済成長を続けても 2030 年に現在比でGDPを 4 倍以上にするのは至難の技である。それでもあえて野心的な目標を掲げたことは，やはり党が経済開発に対して自信をもっているからだろう。とはいえ目標達成のためには表 2-3 のようにあらゆる分野での改善が求められる。逆にいえば，各分野が大きく改善されれば自ずと目標達成に近づくということである。

　そのためには少なくとも 2030 年まで持続的に開発を進めていく必要があり，政治報告では表 2-4 のように「持続的方針に沿った国家経済建設」に関する項目が別途設けられている。たとえば先述したように，土地開発は環境問題を悪化させており，環境と調和した開発やグリーン経済が深刻な課題となっている。

31

表 2-4　持続的方針に沿った国家経済建設

1. 多部門経済，多様な所有形態，分配，生産形態を有する社会主義の方針に沿った市場経済を引き続き建設する。なかでも国家経済および人民の協同経済が重要な役割を果たすが，各種資源の調達や配分では市場が主要な役割を果たす。国家は法律に従い市場調整の手段となるよう方針，政策，メカニズム，規則を定める。
2. 持続的開発方針に沿って社会や環境と調和し，国家経済が力強く継続的に発展するよう建設する。マクロ経済を強化・安定させ，工業化と近代化また国防・治安維持業務と着実に力強く結び付くようにする。
3. 加工と結び付いたクリーン農業開発を行い，持続的開発の基礎とする。量と質ともに商品生産を増やす。クリーンや安全基準を保証し生産品に付加価値をつけ，平野部や高原の比較優位を促進し競争力をつける。食糧の安定を構築し，家族生産，ファーム生産，共同生産，合作社生産，各地区や地域における農工業団地生産を適切に促進し集中生産地とする。生産性と質を高める。
4. 人民の貧困を全面的に解決し，基層での新しい農村建設という方針に沿って農村開発を積極的に継続する。なかでも収入をもたらす商品生産やサービスを中心とする。特に生活のための定住地を分配し，流動的な焼き畑を完全に終了する。教育や公衆衛生また環境保護と結び付いた農村の生活レベルを向上させるため，生産と人民の生活に役立つインフラ開発を行い，生産を組織し生産性を上げ，質を高めるために進んだ技術を活用する。
5. 国家経済の柱となるよう，集中的，効率的，近代的、また環境との調和という方針に沿って比較優位を有する部門の工業開発を行う。たとえば水力エネルギー，農産品，農林や鉱物資源を原材料とする加工業，輸出型部品製造産業，観光業，その他のサービス産業である。中小企業を育成し安定した生産基盤とする。経済特区や特定経済区および工業区の改革かつ拡大に注力する。知的，グリーン，環境に優しい経済を構築し，地域や国際販売網と統合する。
6. 各地域の優位性に基づき優先順位を定め都市と農村が融和するよう各地域や地区の開発を促進する。4つの内容，4つの目標に沿って農村地区の開発に注力する。たとえば，適切に政策を実施することで，遠隔地域，旧革命拠点地域を小規模な都市部および農村における経済・文化の中心とする。
7. 国家に収入をもたらす優先性のあるサービス業を促進する。たとえば貿易，銀行，金融，通信・運輸が生産を促進し，付加価値を生み出すようにする。観光部門が産業化し，国家経済基盤の優位部門となるよう，文化，自然，歴史観光の促進を通じて開発する。
8. 創造と科学・技術を生産力の拡大，知的経済，生産や競争の効率向上の重要な要素とみなし，科学技術研究に適切に投資する。
9. 天然資源管理を強化し，環境を保護し，自然災害に主体的に対応する。特に資源採掘や管理を行う関係機関等，社会全体の責任を向上させる。持続的開発という方針に沿って環境保護が全人民の責任となるような概念や主体的意識の形成を行う。環境にとって優しい技術やテクノロジーの使用を強化するとともに，環境管理と保護における諸民族ラオス人民のすばらしい伝統を促進し発展させる。たとえば土地，水，大気等，環境

の質が基準を下回らないようにする。村，村グループ（クムバーン），都市をグリーン，クリーン，秩序という方針に沿って開発する。

10. 地域統合や地域分業過程に積極的に参加し，集中的に経済インフラのレベルを上げ，拡大し，開発の需要に応える。地理的優位を発展させ，鉄道を含めASEANを結ぶ回廊を開発することで地域の中心となり，輸送産業とロジスティクス開発という方針に沿って国内輸送力の競争性を高める。

（出所）*Pasaason*, January 19, 2016 を基に筆者作成。

　また水力エネルギーへの依存という方針に変化はないが，比較優位のある分野の集中的開発，加工業の促進や製品の高付加価値化，観光産業開発や経済特区の拡大，輸送産業やロジスティクス開発を行うことで，安定した経済成長を遂げようというねらいが見て取れる。これらはどれも新しい方針ではなくこれまでも繰り返し指摘されてきた課題である。つまりこれらの課題に本腰を入れて取り組まなければ現状を打破し，経済開発を次の段階に進めていくことが難しいということでもある。

2．政治改革方針

　政治改革の基本方針は，立法機関，行政機関，司法機関，会計監査機関など各組織の効率性や質の向上，また人材育成といった内容であり，これまでの改革方針と大きなちがいはない。異なるのは法治と民意の重要性が前回以上に強調されている点である。

　これまでも法治の重要性は強調され，第9回党大会ではそれまでの「人民の，人民による，人民のための国家」との文言が，「人民民主主義国家を人民の人民による人民のための法治国家へと徐々に改善していかなければならない」となった。また「権力掌握と党指導は法律に適合していなければならない」とし，党による国家への指導が法を超えるものではないとの認識も示された（山田 2012b, 30）。

　一方第10回党大会では，「人民民主国家を堅固に建設することは法治国家を建設することであり，党が法律に従って領導しかつ権力を掌握し，国家が法律により社会を管理し，人民が主体で法の前で平等であるとの原則に基づき実施しなければならない」（*Pasaason,* January 19, 2016）となった。人民民主国家建

設が法治国家建設と同等に位置づけられたことは，前回以上に法治への意識が高まったことを意味している。しかし留意しなければならないのは，人民革命党がめざしているのは国民の権利や自由を保障する「法の支配」ではなく，成立した法律により統治を行う「法治主義」だという点である[3]。

　ラオスにおける法律とは党の路線を反映させたものでなければならない。言い換えれば党の路線から逸脱した法律が制定されることはない。第10回党大会政治報告でも「法律を党の路線に正しく適合させる」ことが明記されている。一方で「法律は人民から（つくられ──筆者），人民の利益に真にかなう法律にする」(*Pasaason,* January 19, 2016) とも記され，法律に民意を反映させる姿勢が示された。すでに第9回党大会以降，官報のウェブサイトでは法案に対するパブリックコメントの募集が行われるようになっている。「法治主義」から「法の支配」への転換は時間を要するが，民意をより重視した「法治」は前回大会からの重要な変化である。それは「我が国の人民民主主義体制の政治制度の本質は人民の権力下におかれていることである」(*Pasaason,* January 19, 2016) との認識からも裏づけられる。

　民意重視の姿勢は大衆組織の位置づけにも表れた。ラオス国家建設戦線，人民革命青年同盟，女性同盟，労働連盟等の大衆団体は，社会の団結や融和，また大衆動員という役割を担っている。その役割に変化はないが今大会ではそれに加えて，大衆組織は国民が国防と国家建設任務や党・国家路線に対して意見を述べ，各級の党・国家組織や人材の検査に参加する場であるとの新たな位置づけがなされた (*Pasaason,* January 19, 2016)。そうすることで政治制度が透明かつ安定するとしている。これまで党や国家の路線を普及する場，国民がそれらの情報を得る場でしかなかった大衆団体に (*Eekasaan koongpasum nyai khang thii IX phak pasaason pativat lao* 2011, 51；山田 2012b, 31)，国民から党や政府へのインプット機能を加えようということである[4]。実現すれば国会のホットラインやパブリックコメントに加え，民意を吸収するチャンネルが増えることになる。

　3．党建設方針

　今大会では以下のような基本方針が示された。

第2章　人民革命党の現状認識と今後の国家建設方針

　「2020年に国家を後発開発途上国から脱却させ社会主義の目的に沿って着実に新しい段階に至るよう導くため，党の領導能力，新たな闘争力，そして党員の前衛性および模範性の促進は重要かつ決定的な要素である。当面は我が党が透明で，堅固で，強健になるよう改革や修正を行い，労働者階級の前衛団としての本質，また勤労者とラオス全人民の利益の代表となるよう保証する。この新しい段階において党は時代に見合うような知恵と知識，研究能力をもたなければならない。(省略)　党の闘争力とは党の前衛性を促進する能力であり，党に起こり得るすべての危機に対抗する能力である。(省略)我が党は引き続き党内の統一的団結を維持し，組織や活動における民主と規律を厳格に保障する。批判・自己批判を常に実施し，個人主義，機会主義と闘争し，職員や党員が透明で革命的政治資質を有し，社会に対する前衛的模範となる能力をもつよう育成する。党や人民の任務を継承する世代を性別や民族の適切な割合に注意しながら育成する。」
(*Pasaason,* January 19, 2016)

　第9回党大会政治報告での党建設方針は以下のようになっている。

　「勤労者や国家の利益の代表であるという本質を堅持する。時勢に適合し，そして人民と国家の繁栄のための権力党として自らを改善し，構築する。力強い組織をもち，精神と行動を統一させて団結し，綿密な管理や厳格な規律をもち，科学的，創造的，また実用的な指導様式をもつ党となる。党や国家機関，幹部職員や党員の汚職，またその他の否定的現象を断固防止・撲滅し，清廉な党となる。」(*Eekasaan koongpasum nyai khang thii IX phak pasaason pativat lao* 2011, 42)

　ふたつの方針を比較すると今大会の特徴が浮かび上がる。ひとつは，危機感への対応として前衛性，闘争力，模範を強調していること，もうひとつは，次世代継承者の育成が明記されたことである。そして党は以上の基本方針に基づき7つの重点業務を提示した。
（1）政治分野が堅固となるよう党建設業務を強化する

（2）党の思想，理論業務を改善し，質と効果を高める

（3）政治的資質，革命的道徳を鍛錬し，すべての形の個人主義や機会主義に反対する

（4）民主集中原則の正しく厳格な執行に基づき，各級の党組織機構を透明で強健に改善する

（5）職員業務を刷新し，党・職員防衛業務を重視する

（6）党の領導様式を刷新する

（7）検査業務の効率化と権威を強化する

　以上7つの重点業務の詳細をみると，これまでとは異なる新しい方針が示されていることがわかる。最も大きな変化はマルクス・レーニン理論と並んで「カイソーン・ポムヴィハーン思想」が，ラオス人民全体の思想と行動の礎となるよう正式に提示されたことである[5]。

　カイソーン・ポムヴィハーンとは初代党書記長（1992年11月21日に死亡）であり，国民から最も尊敬を受けている「ラオス建国の父」である。ラオスはこれまで中国の毛沢東思想や鄧小平理論，またベトナムのホーチミン思想のように指導者個人の名を冠した思想や理論を掲げてこなかった。この背景には，集団の団結を重視し良くも悪くも突出した個人を嫌うラオス社会の特徴や，カイソーンも自身が神格化されることを嫌っていたことがある。

　しかし第9回党大会で刷新路線を軸とした新たな思想・理論の構築が課題となり，「市場経済メカニズムの活用における党の領導性の維持」「グローバリゼーションや国際統合のなかでの持続的な開発」「一致団結し，民主的で，公正かつ文明的な社会の建設」「党内や社会における民主拡大」等をテーマに研究を行ってきた（山田 2012b, 29）。つまり党は，前回大会ですでに「マルクス・レーニン主義」のラオスへの創造的適用だけでは，党支配体制の正当性維持が難しいと判断していたのである。そして党が出した答えが「カイソーン・ポムヴィハーン思想」といえる。

　しかし政治報告では具体的内容は示されておらず（第5章を参照），今後の研究課題のみが提示されている。それは，新時代における革命の様相を把握する能力や社会主義に至るための初期要素建設の道筋と段階を定める問題，党の本質と前衛性の維持に関する問題，社会主義の方針に沿った市場経済開発問題，

社会をこれまで以上に民主的で公正で文明的に建設する問題である。つまり現在ラオスが直面しているほぼすべての問題に対応できるような思想の構築をめざしているのである。さらに党は他の指導者の思想，政治的資質，革命的道徳についても研究を行うとしている[6]。つまり党は革命の指導者達に依拠しながらラオス独自の思想・理論を構築し，党支配体制の理論的正当化をめざしているといえる。

第2は「自己演変」（カーンハンピアン・ドゥワイ・トンエーン）という新たな危機感が示されたことである。これまでは「和平演変」（カーンハンピアン・ドーイ・サンティ）という敵対勢力が平和的手段で体制転覆を謀ることへの警戒心が強調されてきた。今回は初めて「自己演変」という文言が登場し内部への危機感が示された。「自己演変」にはふたつの意味があると考えられる。

ひとつは，前衛性，闘争性，模範性にも表れているように，党員や幹部の汚職や不正，政治的資質の退行による自己崩壊である。党が自ら人民革命党支配体制を崩壊させることは考えられない。しかし党・国家幹部による否定的現象の拡大は，党への国民の信頼を大きく低下させかねない。つまり党幹部や党員の行動が支配の正当性を低下させることへの危機感が「自己演変」という言葉に表れているのである。それは「検査なくして領導なし」との表現で，党員の活動や生活に対する検査の重要性が改めて指摘されたことからも裏づけられる。

もうひとつは，党内部から複数政党制導入の声が上がることへの危機感である。党内には多様な意見があるが，明確な派閥が存在している様子は観察できない。独裁体制を維持しているからこそ指導幹部は権力や利権にあずかれるのであり，党支配体制の維持については党内が一致していると考えられる。したがって党中央執行委員が党から離反する可能性は極めて低い。しかし第1章で指摘されたようにカムプーイ事件の記憶は新しく，内部への警戒心が高まっても不思議ではない。

第3の変化は外国企業や民間企業への党員拡大を通じた党組織の強化である。党組織の強化はいつの時代も課題とされてきた。しかし今回の特徴は，「開発村，山岳地域の村々，部隊，民間企業単位，外国との合弁企業，外国投資企業で党基層組織を建設する」（*Pasaason,* January 19, 2016）とし，民間や外資への党組織建設を明記したことである。第9回党大会でも「すべての経済部門で党基層組織を建設する」とし，間接的表現ながらも民間や外国企業に党組織を建

設する意思は示していた。しかし前回大会以降，民間や外国企業など党や国家が直接管理できない経済・社会組織が急速に拡大した。外国企業への党組織の設立は容易ではないが，国内民間企業への党組織拡大は十分可能である。事実，新党員の拡大についても資質のある民間企業家の入党促進が明記されている（*Pasaason,* January 19, 2016）。党組織や党員拡大政策もまさに変わり目にある。

　第4は指導幹部の若返りと次世代幹部の育成である。総合方針では，党や人民の任務を継承する世代を性別や民族割合に配慮し育成することが示されている（*Pasaason,* January 19, 2016）。第3章でも指摘されているように，党指導部はまさに世代交代の時期に突入した。とはいえ世代交代によりこれまでの方針が転換することは，革命第1世代が最も嫌うことである（世代分類については第3章を参照）。また若返りは軍歴経験がない幹部への権限委譲でもあり，党軍関係にも影響を与えかねない。したがって第1世代指導者達はあくまでこれまでの路線を継承する人材の育成をめざしている。今後5年間でそれを行い，次回党大会で本格化する世代交代に備えようということである。

　最後は，指導層への意見提出メカニズムの構築と信任投票に言及したことである。第9回党大会でも，政策決定過程で民主的議論や意見交換を行うこと，また党内人事に大衆を参加させ党内民主を拡大する方針が示された（山田2012b, 30-31）。今大会では党内民主の促進として，「各級の指導層に多様な形式で意見提出を行うメカニズムの研究」，そして，内部の透明性や安定を確保し国家や人民の利益に真にかなうように「各級の党，国家，政治や社会組織の指導者個人に対する信任投票を毎期実施すること」（*Pasaason,* January 19, 2016）が提案されている。これはベトナム国会で実施されている信任投票制度を参考に，指導者の綱紀粛正とともに国民の信頼を獲得するねらいがある。党大会後の4月に行われた第8期初回国会では，国会による政府への信任投票に否定的見解が出されたが，一部議員は実施すべきとの意見表明を行った（*Vientiane Times,* April 27, 2017）。実現はまだ難しいが，党が政治報告で言及し実際に国会で議論されたこと自体，党指導部が国民の信頼獲得をこれまで以上に重視していることを物語っている。

第 2 章　人民革命党の現状認識と今後の国家建設方針

おわりに

　政治報告からは党が経済開発に自信を深める一方で，今後の国家建設や党支
配体制の維持に危機感を強めていることがわかった。そしてその危機感を払拭
するため，「前衛性」「闘争性」「模範性」を強調するとともに，法治や民意に
配慮した姿勢が示された。党は国民の信頼獲得をこれまで以上に重視し始めた
のである。

　しかし危機感の高まりは，人民革命党独裁体制が崩壊の危機に直面している
ことを意味しない。党内には政策に対する意見の相違はあれ，幹部は独裁体制
の維持では共通の価値観を有している。またソーシャルメディアが新たな政治
言説空間となっているが，体制崩壊をもたらすような影響力はまだない。党や
政府も行き過ぎた行動には厳しい対応をとっている。国民も一線を越えれば自
らに危険が迫ることをよく理解している。体制に影響を与えるような社会組織
もない。したがって人民革命党支配メカニズムはいまだに盤石といってよい。

　党の危機感とは，党が直面している政治，経済，社会の諸問題を放置すれば，
将来的に国民の信頼を失いかねないという意味である。それはビジョン 2030
の実現とも大きくかかわっている。2030 年の上位中所得国入りという野心的
な国家目標を掲げ，その下で国民統合を図り国家建設を進めていこうというな
かで国民の信頼を失えば，ビジョンを実現することは難しい。そしてビジョン
が達成できなければ党の信用にかかわってくる。一党独裁体制であっても国民
の信頼を失えば体制を維持することは困難となり，暴力や抑圧に依存するしか
ない。それには莫大なコストがかかる。2020 年の後発開発途上国脱却，そし
てビジョン 2030 に国民を動員し目標を達成するためにも，低下した国民の信
頼回復は欠かせない。そしてそれは新指導部がまず着手しなければならない課
題でもある。

【注】
⑴　第 9 回党大会では国家建設のスローガンとして「4 つの突破」が提示された。それは
　⑴思考面の突破，⑵人材開発面の突破，⑶行政・管理面の突破，⑷人民の貧困問題を解

決することにおける突破であり，要約すれば教条的で怠惰，かついい加減で極端な思想を解決し，党決議を執行することにおいて創造性や勇気をもって考え，行動し，責任を負うという見解を促進すること（思考面の突破），開発の需要に見合う能力のある人材を育成すること（人材開発面の突破），生産やサービスに支障をきたす抑圧的な行政管理体制や規則の問題を解決すること（行政・管理面の突破），そして多様な資本を発掘し，人材とともに資源を集中的に投入することで貧困問題を解決し，また開発の促進剤となるような経済・社会インフラを建設すること（貧困分野の突破）となる（*Eekasaan koongpasum nyai khang thii IX phak pasaason pativat lao* 2011, 28；山田 2012a, 19）。

⑵　人民革命党や政府は基本的に「分権」という言葉を使用せず，業務分散や管理級の分掌という言葉を使用する。その理由は，ラオスは中央集権国家であり権力は中央の党や政府に集中しているためである。

⑶　これは唐（2012, 79-80）の中国に対する議論を援用している。唐亮は中国を事例に法治概念について分析し，「法の支配」（rule of law）と「法治主義」（rule by law）のちがいを以下のように説明している。「法の支配」は国民の権利と自由を保障する目的で，⑴憲法の最高法規性，⑵権力に侵されない個人の人権，⑶法の内容や手続きの公正さを要求する適正な手続きの保障，⑷恣意的権力を抑止する裁判所の役割などの4原則を基礎としているが，「法治主義」は手続きとして正当に成立した法律による支配でありその内容が国民の権利や自由の保障にかなっているかどうかは問われないと述べている（唐 2012, 79-80）。人民革命党は法治の重要性を強調しているとはいえ，党が国家や法律を超えた存在として君臨していることに変化はない。したがってラオスの「法治」も中国と同様に「法の支配」ではなく「法治主義」だと考えられる。

⑷　すでに第9回党大会以降，建設戦線代表が国会において行政や立法機関の活動に対して意見を述べる機会が設けられている。

⑸　これまでも「カイソーン・ポムヴィハーン思想」という言葉はあった。とくに2005年にはカイソーン生誕85周年を記念して，「社会主義の道に沿った人民民主主義体制の構築と発展におけるカイソーン・ポムヴィハーン思想」というセミナーが開催されている。カイソーンの思想はこれまでも党路線や方針の基礎であったが，党大会政治報告で「カイソーン・ポムヴィハーン思想」という言葉が正式に記されたのは今回が初めである。

⑹　カイソーン以外では，カムタイ元党議長，シーサワート元政治局員，サマーン元政治局員等の革命第1世代の指導者が考えられる。

〔参考文献〕

＜日本語文献＞

唐　亮　2012.『現代中国の政治―「開発独裁」とそのゆくえ』岩波新書.

山田紀彦 2012a.「これまでの国家建設過程と第9回党大会」山田紀彦編『ラオス人民革命党

第 9 回大会と今後の発展戦略』アジア経済研究所　7-25.

―――2012b.「今後の政治改革路線と新指導部」山田紀彦編『ラオス人民革命党第 9 回大会
と今後の発展戦略』アジア経済研究所　27-46.

山田紀彦・矢野順子・ケオラ・スックニラン 2012.「第 9 回党大会政治報告（抄訳）」山田紀
彦編『ラオス人民革命党第 9 回大会と今後の発展戦略』アジア経済研究所　107-124.

＜英語文献＞

The Government of Lao PDR and UN. 2008. *Millennium Development Goals: Progress Report*
Lao PDR 2008.

＜ラオス語文献＞

Eekasaan koongpasum nyai khang thii IX phak pasaaon pativat lao［ラオス人民革命党第 9 回党
大会文書］2011.

Khana khoosanaa ophom suunkaang phak.［党中央宣伝・訓練委員会］2015a. *60 pii phak*
pasaason pativat lao (22/03/1955-22/03/2-15).［ラオス人民革命党 60 年（1955 年 3 月
22 日-2015 年 3 月 22 日］Vientiane: Khana khoosanaa ophom suunkaang phak.

―――2015b. *Eekasaan ophom samaasik phak (60 khamtaam-60khamtoop).*［党員研修文書（60
の問題と 60 の回答）Vientiane: Khana khoosanaa ophom suunkaang phak.

Kot labiap khoong phak pasaason pativat lao［ラオス人民革命党規約］2011.

Mati khoong koongpasum suunkaang phak khang thii 8 samai thii IV［第 4 期党中央執行委員会
第 8 回総会決議］1990.

Phak pasaason pativat lao kom kaan meuang suun kaang phak.［ラオス人民革命党等中
央 政 治 局 ］2012. *Mati khoong kom kaan meuang vaa duay kaan saang khwaeng pen*
huanai nyutthasaat, kaan saang meuang pen huanai khem khaeng hoop daan, kaan
saang baan pen huanai phatthanaa［県を戦略単位に建設し，郡を全面的に強健な単
位に建設し，村を開発単位に建設することに関する政治局決議］.

―――2014. *Mati vaa duay thit thaang, paomaai lae maattakaan saang khwaeng pen huanai*
nyutthasaat, saang meuang pen huanai khem khaeng hoop daan, saang baan pen
huanai phatthanaa［県を戦略単位に建設し，郡を全面的に強健な単位に建設し，村
を開発単位に建設する方針，目標，措置に関する政治局決議］.

Saphaa haeng saat. 2015. *Latthathammanuun haeng saathaalanalat pasaathipatai pasaason lao*
［ラオス人民民主共和国憲法］.

＜新聞＞

Pasaason.

Pasaason Socio-Economic.

Vientiane Times.

第3章

党と国家の新指導部

——世代交代への過渡期——

山 田　紀 彦

はじめに

　2016年1月21日，第10回党大会にて第10期党中央執行委員会選挙が行われ，77人の候補者から69人の委員が，そして11人の候補者から8人の予備委員が選出された（*Pasaason,* January 22, 2016）。その後開かれた第10期党中央執行委員会第1回総会にてブンニャン・ウォラチット国家副主席（役職は選出時）が新党書記長に，また11人からなる政治局と9人からなる書記局も選出され党新指導部が発足した。党大会後の4月20に開催された第8期初回国会でブンニャンは国家主席にも選出された。同国会では序列2位のトーンルンを首相とする新内閣も発足している。今後はブンニャン・トーンルン体制のもとで国家建設を進めることになる。

　今回の人事をみると革命第1，第2世代がほぼいなくなり，第3世代に実質的な国家運営権がシフトしたが，第2世代のブンニャンが残ったことで中途半端な世代交代になったといえる。世代の変わり目にあるなかで，78歳と高齢のブンニャンが引退せず書記長に就任したことには，新世代への重石としての意味があろう。では，党新指導部や新内閣はどのような顔ぶれになったのだろうか。また今回の人事にはどのような特徴があるのだろうか。これらの問いに答えることが本章の目的である。

　以下第1節では，第10期党中央執行委員会人事を理解するために，党大会

前年に行われた県や中央省庁での人事異動を振り返り，党大会前の状況を確認する。第2節では第10回党大会に参加した正代表685人の属性から，党員の世代交代が進んでいることを明らかにする。それをふまえて第3節では党人事を，そして第4節では国家機関人事について考察し，党・国家新指導部の特徴について述べる。そのうえで2016年8月までのトーンルン首相の政権運営状況を考察し，変化の兆しが現れていることを明らかにする。

第1節　第10回党大会前の県知事，中央国家機関人事

　表3-1は2015年に実施された県レベルの党大会開催日である。一般的に中央で開催される全国党大会の約2年前から基層級，郡級，そして県級と徐々に党大会が開催され，それにともない人事異動が行われる。県レベルではサイソムブーン県を除いて2015年4月から11月までに全県で党大会が開催された。サイソムブーン県は党大会ではなく党員代表大会が開催されている。第9期党規約第10条によると，党大会は下級の党組織から選出された代表や各級の党執行委員が参加し，党員代表大会は当該党組織の党員全員が参加資格をもつ（*Kot labiap khoong phak pasaason pativat lao* 2011, 27-29）[1]。しかし党員代表大会に全党員が参加することはほとんどなく，サイソムブーン県でも県内の党員2830人を代表する89人のみが参加した（*Pasaason,* October 5, 2015）。サイソムブーン県が党大会を開催しなかった理由は，同県が2013年12月31日に設立された新しい県であり，設立時にソムバット県党書記・知事が任命されたこと，また第1章で指摘されているように治安が悪化したことなどが考えられる。

　党大会時に新しい党書記が選出されたのは7県（ボリカムサイ県，ルアンナムター県，カムアン県，サラワン県，ルアンパバーン県，ヴィエンチャン県，フアパン県），党書記の再任が9県（サイニャブリー県，セコーン県，シェンクアン県，チャンパーサック県，ポンサリー県，アッタプー県，首都ヴィエンチャン，サワンナケート県，サイソムブーン県），そして党大会前に県党書記・知事が交代したのが2県（ボケオ県，ウドムサイ県）ある。一方，サイソムブーン県は第10回党大会後の2016年2月16日にソムバット党書記・知事が退任し，トーンローイ国防副大臣が新党書記・知事に就任した（*Pasaason,* February 17, 2016）。こ

表 3-1　県党大会・党員代表大会開催日

2015 年 4 月 8～10 日	サイニャブリー県党委員会第 6 回大会
2015 年 4 月 28～30 日	ルアンナムター県党委員会第 7 回大会
2015 年 5 月 6～8 日	ボリカムサイ県党委員会第 6 回大会
2015 年 5 月 6～8 日	セコーン県党委員会第 9 回大会
2015 年 5 月 6～8 日	シェンクアン県党委員会第 7 回大会
2015 年 7 月 8～10 日	サラワン県党委員会第 8 回大会
2015 年 7 月 9～11 日	カムアン県党委員会第 9 回大会
2015 年 7 月 22～24 日	チャンパーサック県党委員会第 7 回大会
2015 年 8 月 4～6 日	ルアンパバーン県党委員会第 7 回大会
2015 年 8 月 10～12 日	ポンサリー県党委員会第 10 回大会
2015 年 8 月 11～12 日	アッタプー県党委員会第 10 回大会
2015 年 8 月 14～16 日	ボケオ県党委員会第 5 回大会
2015 年 8 月 19～21 日	首都ヴィエンチャン県党委員会第 6 回大会
2015 年 8 月 23～25 日	サワンナケート県党委員会第 8 回大会
2015 年 8 月 23～25 日	ヴィエンチャン県党委員会第 5 回大会
2015 年 10 月 2 日	サイソムブーン県党委員会第 1 回党員代表大会
2015 年 11 月 4～6 日	フアパン県党委員会第 9 回大会
2015 年 11 月 2～3 日	ウドムサイ県党委員会第 8 回大会

（出所）　*Pasaason, Vientiane Times*を基に筆者作成。

れは後述するようにソムバットが第 10 期党中央執行委員会選挙で落選したこ
と，またサイソムブーン県での治安悪化が理由と考えられる。

　県党書記・知事の交代は通常の人事異動，引退，降格等が理由である。たと
えばボケオ県はカムマン前党書記・知事の内務大臣への異動が交代の理由であ
る。一方でウドムサイ県は県の架空公共事業問題による降格，フアパン県も前
知事の投資に絡む問題による降格と考えられる。

　また知事ではないが注目に値する動きがあった。2015 年 6 月，故カイソー
ン党書記長の子息であるサンティパープ・ポムヴィハーン財務副大臣が，故郷
のサワンナケート県の副知事に就任した（*KPL,* June 9, 2015）。サンティパープ
は将来を期待されている若手であり，第 10 回党大会では党中央執行委員に選
出された。そして党大会後の 4 月にスパン県党書記・知事が計画・投資大臣に
異動になったことから，サンティパープは 5 月に知事に就任している（*Pasaason,*
May 9, 2016）。

　党書記・知事が再任された 9 県は以前からの続投，もしくは 2014 年の人事

表 3-2　中央機関党委員会代表大会（党大会）・党員代表大会・党員会議等開催日

2015 年 4 月 6〜7 日	エネルギー・鉱業省党委員会第 2 回大会
2015 年 4 月 9〜10 日	科学・技術省党委員会第 1 回大会
2015 年 5 月 7〜8 日	ラオス銀行党委員会第 3 回大会
2015 年 6 月 23〜24 日	国防省党委員会第 4 回大会
2015 年 7 月 2〜3 日	農林省党委員会第 5 回大会
2015 年 7 月 9〜10 日	工業・商業省党委員会第 4 回大会
2015 年 7 月 16〜17 日	公共事業・運輸省党委員会第 4 回大会
2015 年 8 月 11〜12 日	公安省党委員会第 4 回大会
2015 年 8 月 12〜13 日	郵便・テレコミュニケーション省党委員会第 1 回大会
2015 年 8 月 16 日	最高人民裁判所党員会議
2015 年 8 月 19〜20 日	計画・投資省党委員会第 3 回大会
2015 年 9 月 3〜4 日	教育・スポーツ省党委員会第 8 回大会
2015 年 9 月 3〜4 日	財務省党委員会第 2 回大会
2015 年 9 月 10〜11 日	内務省党委員会第 1 回大会
2015 年 9 月 15〜16 日	外務省党委員会第 3 回大会
2015 年 9 月 21〜22 日	ラオス退役軍人協会第 3 回全国代表者大会
2015 年 10 月 1 日	政府官房党代表大会
2015 年 10 月 9 日	最高人民検察院党代表大会
2015 年 10 月 14〜15 日	ラオス労働連盟第 7 回全国代表者大会
2015 年 10 月 21〜22 日	ラオス女性同盟第 7 回全国代表者大会
2015 年 10 月 26 日	労働・社会福祉省党委員会第 5 回大会
2015 年 10 月 26〜27 日	司法省党委員会第 4 回大会
2015 年 11 月 6 日	国家主席府基層党委員会第 1 回党員代表大会
2015 年 11 月 6 日	天然資源・環境省党委員会第 1 回大会
2015 年 12 月 16 日	保健省党委員会第 8 回大会
2015 年 12 月 18 日	情報・文化・観光省党委員会第 4 回大会
2015 年 12 月 30〜31 日	ラオス人民革命青年同盟第 7 回全国代表者大会

（出所）　*Pasaason, Vientiane Times* を基に筆者作成。
（注）　党員会議は特定の事項を決定する党員による会議である。

異動ですでに党書記・知事が入れ替わったところである。2014 年 3 月，リアン・サイニャブリー県党書記・知事が財務大臣に就任し，新党書記・知事にはポンサワン副知事が昇格した。7 月にはソーンサイ・チャンパーサック県党書記・知事が政府官房大臣兼官房長官に就任したため，ブントーン県党副書記・副知事が新党書記・知事に昇格している。8 月にはカムパン・アッタプー県知事が党中央事務局長に就任した（山田 2015, 307-308）。

　つぎに中央国家機関についてみよう。表 3-2 は中央国家機関レベルの党大会

46

や全国大会開催日である⁽²⁾。中央機関の一部も党員代表大会や党員会議のみを開催している。大臣は行政職であるため交代は必ずしも党大会と連動しているわけではないが，大臣人事は県知事人事と密接にかかわっている。したがって2015年は一部機関で大臣の交代があった。

たとえば農林省は7月の党大会で省党委員会書記が交代し，8月にペット新党書記が大臣に就任している。一方で内務省，労働・社会福祉省，天然資源・環境省，国家主席府では大臣の交代が先に行われ，後に省党委員会大会で新大臣が党書記に選出された。また外務省のようにトーンルン大臣が党委員会書記から退いたが大臣職を維持している場合もある。ただし後述するようにトーンルンは2016年4月20日に首相に就任し，サルームサイ副大臣が大臣に昇格した。

また県知事と同様に2014年にも大臣の異動があった。3月，リアン・サイニャブリー県知事が財務大臣に就任し，プーペット財務大臣は政府官房大臣となった。同じく3月にはブンチャン公共事業・運輸副大臣が大臣に昇格し，ソマート大臣は政府官房大臣に異動した。ソマートはその後2015年9月に天然資源・環境大臣に就任している。またケムマニー工業・商業副大臣が大臣に昇格し，ナム大臣は政府官房大臣に就任した。

さらに2014年7月の第7期第7回国会では，ブンポーン党中央事務局長とパンカム教育・スポーツ大臣の副首相兼任，ソーンサイ・チャンパーサック県知事の政府官房大臣兼官房長官への就任，セーンヌアン国防大臣代行の大臣への就任が承認された。この人事異動を受けてシンラウォン政府官房大臣兼官房長官は首都ヴィエンチャン知事に就任した。シンラウォンはかつて同知事を務めており，飛行機事故で死亡した故スカン知事の穴を埋める形となった。8月に入るとカムパン・アッタプー県知事が党中央事務局長に就任し，ナム前工業・商業大臣が同県知事に就任した。そしてトーンサニット国家政治・行政学院副院長が院長に就任し，キケオ院長は党宣伝・訓練委員会委員長となり飛行機事故で死亡したチュアン委員長の穴を埋めた。9月にはブンクート外務副大臣が司法大臣に，チャルーン司法大臣は国家社会科学院院長に就任している（山田 2015, 307-308）。

大衆組織でも2015年に人事異動があった。ラオス退役軍人協会はソムポーン会長が再任されたが，ラオス労働連盟議長にはパーン前ボリカムサイ県党書

表 3-3　県党書記・知事，大臣等の任務委譲式開催日（2015 年）

2015 年 5 月 28 日	ボリカムサイ県党書記・県知事任務委譲式，開催。パーン党書記・知事が退任しコーンケオ新党書記・知事が就任。
5 月 29 日	ボケオ県党書記・県知事任務委譲式，開催。カムマン党書記・知事が退任しカムパン新党書記・知事が就任。
6 月 5 日	サワンナケート県副知事任命式，開催。サンティパーブ・ポムヴィハーン財務副大臣がサワンナケート県副知事に就任。
6 月 21 日	ルアンナムター県党書記・県知事任務委譲式，開催。ピマソーン党書記・知事が退任しペッターウォーン新党書記・知事が就任。
7 月 20 日	党中央対外関係委員会委員長，任務委譲式開催。トーンルン委員長が退任しスーントーン新委員長が就任。
8 月 6 日	カムアン県党書記・県知事任務委譲式，開催。カムバイ党書記・知事が退任し，オーダイ新党書記・知事が就任。
8 月 10 日	サラワン県党書記・県知事任務委譲式，開催。カムブン党書記・知事が退任しシースワン新党書記・知事が就任。
8 月 17 日	内務大臣任務委譲式，開催。サイシー大臣が退任しカムマン新大臣が就任。
8 月 21 日	ウドムサイ県党書記・県知事任務委譲式，開催。カムラー党書記・知事が退任しペットサコーン新党書記・知事が就任。
8 月 24 日	農林大臣任務委譲式，開催。ヴィライワン大臣が退任しペット新大臣が就任。
8 月 28 日	外務省党委員会書記任務委譲式，開催。トーンルン書記が退任しサルムサイ新書記が就任。
9 月 3 日	労働・社会福祉大臣任務委譲式，開催。オーンチャン大臣が退任し，カムペーン新大臣が就任。
9 月 9 日	ルアンパバーン県党書記・県知事任務委譲式，開催。カムペーン党書記・知事が退任しカムカン新党書記・知事が就任。
9 月 28 日	天然資源・環境大臣任務委譲式，開催。ヌーリン大臣が退任しソマート新大臣が就任。
10 月 5 日	ヴィエンチャン県党書記・県知事任務委譲式，開催。カムムーン知事が退任しウィドン新党書記・知事が就任。
10 月 30 日	国家主席府大臣任務委譲式，開催。ポンサワット大臣が退任しカムムーン新大臣が就任。
11 月 6 日	ラオス女性同盟議長任務委譲式，開催。シーサイ議長が退任しインラーワン新議長が就任。
12 月 22 日	フアパン県知事任務委譲式，開催。カムフン知事が退任しワンサイ知事が就任。

（出所）　*Pasaason, Vientiane Times* を基に筆者作成。

記・知事が就任し，ラオス女性連盟議長にはインラーワン副議長が，そしてラオス人民革命青年同盟ではソーンタヌー副書記が書記に昇格した。3者ともに党大会前年に開催された全国大会で選出されている。表3-3は主要な県党書記・知事，大臣等の任務委譲式開催日である。

以上のように党大会前の2年間で頻繁に人事異動が行われた。そして知事や大臣等に昇格した幹部達の多くが新期党中央執行委員会に入ることになる。以下では第10回党大会人事について詳しくみていくが，その前に次節では第10回党大会の正代表685人の属性から，党内が世代交代の時期にさしかかっていることを確認する。

第2節　党大会代表の属性

表3-4は過去3回の大会に参加した正代表の属性を比較したものである。そこからは第10回党大会のいくつかの特徴がわかる。

第1は党員数が26万8431人（人口比約4.1%）と最大になったことである。前回党大会時から約40%増加し，第8回党大会から第9回党大会までの増加率約29%を大幅に上回った。第10回党大会では民間や外国企業への党組織の設立，また党員拡大が方針に掲げられており，今後さらに党員数が急速に拡大する可能性が高い。そして党員数の増加にともない党大会に参加する正代表も685人と過去最大となっている。

第2は代表の属性が大きく変化していることである。党・大衆組織，国防・治安部門の代表数が前回大会から減少し，経済，立法・司法・文化・社会部門からの代表が増加している。とくに経済部門の割合が大きく増加した。党や国防分野の重要性が低下したわけではないが，今回の党大会では経済部門をより重視したことが窺える。

第3の変化は世代交代である。代表の平均年齢は57歳であり過去2回の大会とほぼ同じである。しかし入党年をみると大きなちがいがみられる。今大会ではこれまでのように1975年以前と以後の革命参加者の割合が明らかにされず，1975年以前と以後に入党した党員の割合のみ示されている[3]。それによると1975年以前の入党者は代表の9.2%と前回大会よりも大きく減少し，1975

表 3-4　党大会正代表の属性

	第 8 回	第 9 回	第 10 回
党員数	14 万 8590 人	19 万 1780 人	26 万 8431 人
代表数	498 人	576 人	685 人
女性代表	53 人　(10.6%)	60 人　(10.4%)	83 人　(12.1%)
党中央委員	47 人	52 人	49 人
省庁・地方選出者	451 人　(90.6%)	524 人　(91.%)	636 人　(92.8%)
地方党委員会	333 人　(66.9%)	362 人　(63.5%)	412 人　(60.1%)
中央級党委員会	165 人　(33.1%)[1]	162 人　(28.1%)	224 人　(32.7%)
党・大衆組織	271 人　(54.4%)	333 人　(57.8%)	333 人　(48.6%)
国防・公安	97 人　(19.5%)	99 人　(17.2%)	102 人　(14.9%)
経済部門	72 人　(14.5%)	62 人　(10.8%)	140 人　(20.4%)
立法・司法・文化・社会	58 人　(11.6%)	82 人　(14.2%)	110 人　(16.1%)
1975 年以前の入党者	106 人　(21.3%)	84 人　(14.6%)	63 人　(9.2%)
1975 年以降の入党者	392 人　(78.7%)	492 人　(85.4%)	622 人　(90.8%)
1975 年以前の革命参加	165 人　(33.1%)	313 人　(54.3%)	－
1975 年以降の革命参加	333 人　(66.9%)	263 人　(45.6%)	－
最高齢／最年少／平均年齢	82 歳／35 歳／56 歳	84 歳／37 歳／55 歳	78 歳／35 歳／57 歳
代表の教育レベル			
初等	10 人　(2.0%)	4 人　(0.7%)	3 人　(0.4%)
前期中等	85 人　(17.1%)	56 人　(9.7%)	20 人　(2.9%%)
後期中等	403 人　(80.9%)	516 人　(89.6%)	662 人　(96.6%)
専門性			
初等専門	47 人　(9.4%)	14 人　(2.4%)	8 人　(1.2%)
中等専門	94 人　(18.9%)	65 人　(11.3%)	43 人　(6.3%)
高等専門	199 人　(40.1%)	200 人　(34.7%)	114 人　(16.6%)
学士	81 人　(16.3%)	116 人　(20.1%)	175 人　(25.5%)
修士	45 人　(9.0%)	123 人　(21.4%)	254 人　(37.1%)
博士	32 人　(6.4%)	58 人　(10.1%)	89 人　(13.0%)
政治理論レベル			
未通過	—	5 人　(0.9%)	4 人　(0.6%)
初級，育成レベル	—	27 人　(4.7%)	5 人　(0.7%)
中級	53 人　(10.6%)	20 人　(3.5%)	11 人　(1.6%)
高級	312 人　(62.7%)	394 人　(68.4%)	450 人　(65.7%)
学士	32 人　(6.4%)	70 人　(12.2%)	85 人　(12.4%)
修士	11 人　(2.2%)	25 人　(4.3%)	88 人　(12.8%)
博士	22 人　(4.4%)	35 人　(6.1%)	39 人　(56.9%)
党職位			
省・機関党委員会	78 人　(15.7%)	118 人　(20.5%)	471 人　(68.6%)[4]
県党委員会書記・副書記・委員	273 人　(54.8%)	329 人　(57.1%)	
郡党委員会書記，副書記	22 人　(4.4%)	—	98 人　(14.3%)
県党委員ではない郡党書記[2]	—	2 人　(0.3%)	—
基層党委員会書記・副書記[3]	24 人　(4.8%)	46 人　(8.1%)	32 人　(4.7%)
党単位書記，副書記	45 人　(9.0%)	20 人　(3.5%)	32 人　(4.7%)
正党員	9 人　(1.8%)	9 人　(1.6%)	3 人　(0.4%)

（出所）　*Eekasaan koongpasum nyai khang thii VIII phak pasaason pativat lao*, 2006, *Eekasaan koongpasum nyai khang thii IX phak pasaason pativat lao*, 2011, *Pasaason*, January 19, 2016.

（注）　1 ）第 8 回党大会の中央・地方出身者の内訳は総数と合っていない。しかし第 8 回党大会報告書にはこ
　　　　　のように記されている。
　　　　2 ）第 10 回党大会では基層党委員会書記・委員という表記であった。
　　　　3 ）第 10 回党大会では党単位書記・委員という表記であった。
　　　　4 ）省・機関党委員会，県党委員会書記・副書記・委員を合わせた人数。

年以降の入党者の割合が全体の 90% を超えた。革命参加年の詳細が不明なため一定の留保は必要だが，革命第 1 世代はほぼいないと考えてよいだろう。

　ただし世代の分類は何を基準にするかで大きく異なる。生まれた年代で分類することも可能だが，同じ 1940 年代生まれでも革命参加年が 10 年以上異なることもあり，明確な分類は難しい（山田 2002, 147 注 14）。また入党年で分類することも可能だが，この場合も革命参加年と入党年でタイムラグが生じる。人民革命党はもともと革命に起源をもつ政党であり革命への貢献が重視されるため，革命参加年により分類するのが適当だと考えられる。

　そこで本章では，1930 年代や 40 年代の早期に抗仏闘争に参加しインドシナ共産党と関係があった世代を第 1 世代，第 1 世代より少し遅れて 1950 年代の結党前後に革命に参加した世代を第 2 世代，1960 年代から 1975 年の建国までに革命に参加した世代を第 3 世代，そして 1975 年以降の革命参加者を第 4 世代とする。もちろんこれが唯一正しい分類方法というわけではないが，ひとまずこの分類に沿って議論を進める。

　代表の最高齢は 78 歳である。ブンニャン新書記長は大会時 78 歳であったため最高齢にあたる[4]。ブンニャンの略歴をみると革命に参加したのは 1952 年 9 月であり[5]，先述の分類に照らし合わせれば革命第 2 世代と位置づけられる。もちろん大会には全日程ではないが 92 歳のカムタイ元党議長，87 歳のシーサワート元政治局員，88 歳のサマーン元政治局員等の革命第 1 世代が参加したが，彼らは正式代表ではない。したがって最高齢のブンニャンが革命第 2 世代であれば，正代表に革命第 1 世代はひとりもいないと考えてよいだろう。第 10 期政治局内でブンニャンのつぎに高齢なのは 70 歳のトーンルン新首相である。トーンルンが革命に参加したのは 1962 年であり第 3 世代にあたる[6]。そうであれば 1975 年以前の入党者 63 人のうち，第 2 世代もほとんどいないと推測される。つまり大会参加者の多くは第 3 世代や第 4 世代だと考えられるのである。

　このように党大会代表の世代構成からでも，すでに革命第 1 世代，第 2 世代から第 3 世代，第 4 世代に権力がシフトしていることを看取できる。そしてこの世代交代の流れは党指導部人事にも反映された。しかし党人事をみると第 1，第 2 世代から次世代に完全に権力が移行したともいえない。ブンニャンが党書記長に就任したことで前世代の影響力は残されたのである。

第3節　党指導部人事

1．書記長人事

　第9期党規約第17条第2項は，党書記長任期は2期連続を超えないと定めている（*Kot labiap khoong phak pasaason pativat lao* 2011, 42）。つまり2006年から党書記長を2期連続で務めたチュムマリーの退任は既定路線であった。

　新たに書記長に就任したのはブンニャン国家副主席（役職は選出時）である。ブンニャンの前に歴代党書記長は3人しかいないため判断は難しいが，35歳で初代書記長に就任したカイソーンを除けば，カムタイ党議長は68歳で[7]，その後継者であるチュムマリーも69歳で書記長に就任している（Stuart-Fox 2008, 57-58, 147-151, 159-161）。一定の留保が必要とはいえ78歳のブンニャンがいかに高齢で就任したかがわかるだろう。実際にブンニャンには引退の可能性があった。ではなぜチュムマリーからブンニャンへと第2世代間でバトンを引き継いだのだろうか。

　それは今でも人事に絶大な影響力を行使するカムタイ元党議長の意向だと考えられる。世代交代を図るのであれば，71歳のトーンシン首相（役職は党大会時）が書記長に就任してもよかった（後述するように結果的にトーンシンは引退した）。しかしカムタイは第3世代への移行は時期尚早と考え，ブンニャンを選んだのではないだろうか。それには3つの理由が考えられる。

　第1は軍出身者の継続である。これまでの党書記長はすべて軍隊でトップを務めた人物が就任している。しかし第9期政治局のなかで高位な軍歴を有する第3世代の書記長候補は，ブンニャン以外に引退が確実視されていたアサーン副首相，そして飛行機事故で亡くなったドゥアンチャイ国防大臣兼副首相以外いなかった[8]。仮に第3世代への交代が実現すれば軍歴のない党書記長が初めて誕生したことになり，党軍関係にとって転換期となっただろう。人民軍は党のコントロール下にあり軍が独自のアクターとして党に対抗することは考えられない。ただしそれには党書記長の軍歴が大きく影響してきたことも事実である。ブンニャンの軍での階級は大佐でありそれほど高いとはいえないが，党

軍関係の維持にとって軍歴のあるブンニャンの登用は大きな意味がある。

　第2はその党軍関係の整備である。軍歴のないテクノクラート幹部の増加という新しい条件下で党軍関係を整備するには時間を要する。つまりカムタイは完全なる世代交代を時期尚早と考え，党軍関係の整備と次世代継承者の育成に一定期間を設けたと考えられる。たとえば党大会政治報告では国防・治安維持について，「国防・治安維持勢力への直接的で断固とした全面的な党指導を強化する。（省略）武装勢力の人材を育成しレベルを向上させる。まずは指導・指揮職員であり，継続的かつ着実に継承者を有する」（*Pasaason,* January 19, 2016）と記されている。党指導部が党軍関係と世代交代に慎重になっていることがわかる。

　第3は世代交代の道筋を整えることである。後述するように政治局からトーンシン首相とソムサワート副首相が引退し[9]，トーンルン副首相兼外務大臣が党序列2位となり新首相に就任した。トーンシンは71歳（党大会時，以下同じ），ソムサワートとトーンルンは同じ70歳であり3人とも第3世代に属する。3者ともに軍歴はないが次世代指導者候補であり[10]，かつライバルと目されてきた。つまり3者は指導部内で権力均衡として機能する一方で，権力を争う関係ともいえる。そしてそのような状況で第2世代が引退し，第3世代への交代を一気に進めれば体制にとって不安材料となる。したがってカムタイは将来的な問題を最小限に抑えるためにもブンニャンをトップに据え安定を保ち，そのうえで3人のなかで最も合理的かつ「クリーン」なトーンルンを選択し，トーンシンとソムサワートを引退させたのではないだろうか。つまりブンニャンを後見人にトーンルンの政権運営環境を整えたのである。言い換えれば，トーンルン政権の安定を保ちトーンシンとソムサワートの影響力を削ぐためにも，ブンニャンの登用は必要だったといえる。そして後述するようにパンカムを書記局常任兼国家副主席にし，自身の息子であるソーンサイを政治局員兼副首相に抜擢したことからは，カムタイは今後10年以上にわたる指導者人事の道筋を整えたと考えられる[11]。

　現在の党内でカムタイの意向に異を唱えることのできる人物はいない。だからこそ年齢も健康状態も問題のないトーンシンとソムサワートの2人は引退を受け入れたのだろう。逆にいえばカムタイでなければ2人を引退させ，以上のような次世代への道筋を整えることは不可能である。そのことからも今回の人

表 3-5 政治局名簿

序列	氏名	役職（選出時）	現職
1	ブンニャン・ウォラチット	党書記局常任/国家副主席	党書記長/国家主席
2	トーンルン・シースリット	副首相/外務大臣	首相
3	パニー・ヤートートゥー	国会議長	同左
4	ブントーン・チットマニー	政府検査機構長/反汚職機構長/ 党・国家検査委員会長	同左
5	パンカム・ウィパーワン	副首相/教育・スポーツ大臣	国家副主席/党書記局 常任
6	チャンシー・ポーシーカム	党組織委員会委員長	同左
7	サイソムポーン・ポムヴィハーン	国会副議長	国家建設戦線議長
8	チャンサモーン・チャンニャラート	国防副大臣	国防大臣
9	カムパン・ポムマタット	党中央事務局長	同左
10	シンラウォン・クットパイトゥーン	首都ヴィエンチャン知事	同左
11	ソーンサイ・シーパンドーン	政府官房長官	副首相

（出所） *Pasaason*, Januray 25, 2016 を基に筆者作成。

事にはカムタイの意向が強く働いたことはほぼ間違いないだろう。

2．政治局，書記局人事

　表3-5は第10期党中央政治局員名簿である。人数は11人と前期から増減は
ない。前期からは2014年に死亡した序列7位のドゥアンチャイ副首相兼国防
大臣を除き，2位のトーンシン首相，5位のアサーン副首相，8位のソムサワ
ート副首相が引退し，10位のブンポーンが降格となった。
　トーンシンはウドムサイ県の架空公共事業に関する捜査が周辺に及んだとも
噂されている。また2010年からの在任中に経済発展が進んだ一方で，汚職・
不正や債務問題などが拡大した。ソムサワートは経済発展に大きく貢献したが，
強引な開発を進め内外に債務を蓄積させてきた。2人は先述の後継者問題に加
え，経済問題の責任をとらされたともいえる。また2人はチュムマリーととも
に中国と密接な関係を構築しており，2人を一線からはずすことで中国による
大規模かつ強引なプロジェクトに少なからず歯止めをかけるねらいもあろう。
アサーンは年齢による引退である。
　一方，ブンポーンの降格理由は定かではない。ブンポーンは前回大会で政

治局入りした将来の指導者候補であり，党組織委員会での勤務からラオス人民革命青年同盟書記となり，ウドムサイ県知事，党中央事務局長等を歴任してきた[12]。将来のために唯一足りなかったのが中央行政での経験であったが，2014年に副首相に就任し準備は万全であった。しかし今回は党中央執行委員に序列16位で残留したものの政治局を外れ降格となった。党幹部が降格処分を受けるのは汚職など何らかの問題を起こした場合である。ブンポーンはウドムサイ県知事を2002年から2010年まで務めており同県にかかわりが深いため，ウドムサイ県の架空公共投資事業事件に何らかの形で関与した可能性はある。

　新たに政治局入りしたのは6位以降の6人である。チャンシー党組織委員会委員長（役職は選出時，以下同じ），サイソムポーン国会副議長，チャンサモーン国防副大臣，カムパン党中央事務局長，シンラウォン首都ヴィエンチャン知事，ソーンサイ政府官房大臣兼官房長官である。チャンシーとカムパンは党の重要職についており政治局入りは理解できる。一方，チャンサモーンは前回序列15位で現職の国防大臣を抜いて政治局入りした。党大会後4月の国会でセーンヌアン大臣が国会副議長に異動し，チャンサモーンは国防大臣に就任した。政治局入りはその布石であったといえる。

　シンラウォンは前期序列31位から一気に政治局入りを果たした。シンラウォンは首相府副大臣，ヴィエンチャン特別市（当時）副市長，市長，政府官房大臣兼官房長官等を務め，2014年から再び首都ヴィエンチャン知事に就任している。経歴から考えれば政治局入りは妥当といえるが，政治局入りを後押ししたのはブンニャン新書記長の可能性が高い。2人は同じサワンナケート県の出身である。

　サイソムポーンとソーンサイは元党書記長の子息であり，遅かれ早かれ政治局入りするとみられていた。サイソムポーンは故カイソーン書記長の子息で国会副議長を10年務めている。しかし2016年4月の人事異動でサイソムポーンは国会副議長を外れ，6月にラオス国家建設戦線議長に就任した（*Pasaason,* June 21, 2016）。今大会政治報告で建設戦線は国民の意見集約の場，国民から党・国家に対するインプットの場として位置づけられた。国会での経験が長いサイソムポーンにとっては適任だろう。またカイソーンの子息として知名度が高いことも，民族融和や社会動員を主任務とする建設戦線には適している。

　一方，カムタイ元議長の子息であるソーンサイは49歳（党大会時）と若く，

地元のチャンパーサック県で官房長，副知事，知事を経験し2014年から政府官房大臣兼官房長官となっている。つまり県知事と中央行政職を務めており最低限の経験は積んでいることになる。しかし職歴は他の政治局員と比べて見劣りする。ソーンサイの入局は明らかに父であるカムタイの意向であり将来を見据えてのものである。

　以上の政治局人事について一部外国メディアは，中国派が弱体化しベトナム派の復権ととらえている[13]。確かにブンニャンはベトナムへの留学経験があり，その他の政治局員もベトナムと関係が深い者が多い。たとえばトーンルンは若い頃にハノイ駐在経験があり，パニーは幼少の頃からベトナムで教育を受け[14]，パンカムはラオス・ベトナム友好協会会長を務めた。ブントーンもベトナムに留学経験がある[15]。またサイソムポーンの祖父はベトナム人であり，父カイソーンはベトナムと密接な関係にあった（Stuart-Fox 2008, 148）。

　しかし党内を中国派とベトナム派に二分することには疑問である。確かに引退したチュムマリー，トーンシン，ソムサワートの3人は中国と良好な関係にあった。とくにソムサワートは中国系であり中国指導部と関係を構築し，中国資金による多くのプロジェクトを手がけてきた[16]。一方で3人はベトナムとも良好な関係を築いていた。また国家建設における中国資金の活用は3人が始めた政策ではなくむしろカムタイ時代にさかのぼる。

　3人の引退により考えられるのは，中国から多額の借款を受けて実施する大規模かつ必要性の低いプロジェクトの縮小である。しかしそれはベトナム派の復権を意味しない。たとえばブンニャンもパニーもベトナムとのかかわりが深いとはいえ，定期的に中国を訪問し中国指導層と関係を構築している。その他指導者達も同様である。また特定の個人だけでなくラオスの各国家機関や地方も中国と関係を構築している。ラオスは地理的にもイデオロギー的にも中国とベトナム両国と良好な関係を築く必要がある。したがって，どちらか一方に大幅にシフトすることはなく，これからも中国とベトナムの間で巧みにバランスをとっていくと考えられる。

　ただしベトナム側からみれば，自国とかかわりの深い幹部が政治局に多いため歓迎すべき人事といえる。一方中国からすれば今回の人事は不満の残るものかもしれない。とはいえベトナム派の復権とするには説得的な根拠が少ないことも事実である。中国に過度に依存し，この5年間で中国側に大きく傾いたバ

第 3 章　党と国家の新指導部

表 3-6　書記局人事

第 10 期書記局

序列	氏名	党・国家役職（選出時）
1	ブンニャン・ウォラチット	国家副主席
4	ブントーン・チットマニー	政府検査機構長・反汚職機構・党国家検査委員会委員長
5	パンカム・ウィパーワン（常任）	副首相/教育・スポーツ大臣
6	チャンシー・ポーシ-カム	党中央組織委員会委員長
9	カムパン・ポムマタット	党中央事務局長
12	セーンヌアン・サイニャラート	国防大臣
13	キケーオ・カイカムピトゥーン	党中央宣伝・訓練委員会委員長
14	ソムケーオ・シーラウォン	公安大臣
15	ウィライ・ラーカムフォーン	国防副大臣

（出所）　*Pasaason,* January 25, 2016 を基に筆者作成。

第 9 期書記局

序列	氏名	党・国家役職（選出時）
1	チュムマリー・サイニャソーン	党書記長，国家主席
3	ブンニャン・ウォラチット（常任）	国家副主席
9	ブントーン・チットマニー	党中央検査委員会委員長, 政府検査機構長, 反汚職機構長
10	ブンポーン・ブッタナウォン	党中央事務局長
12	トーンバン・セーンアポーン	公安大臣
13	チャンシー・ポーシカム	党組織委員会委員長
14	スカン・マハラート	チャンパーサック県党書記（2011 年 4 月より首都ヴィエンチャン党書記・知事）
15	セーンヌアン・サイニャラート	国防副大臣・国防省政治総局長
16	チュアン・ソンブンカン	党宣伝・訓練委員会委員長

（出所）　*Eekasaan koongpasum nyai khang thii IX phak pasaason pativat lao,* 2011 を基に筆者作成。

ランスをベトナム寄りに戻すことで，均衡を保とうとしているととらえる方がより的確だろう。

　書記局人事は表 3-6 のようになっている。書記長の右腕として書記局常任に就任したのはパンカム副首相兼教育・スポーツ大臣（役職は選出時）である。書記局常任はその役職から党内の政策決定過程のほぼすべてに関与し，大きな影響力を有する。パンカムは前回ブンポーンとともに政治局入りし，また2014 年には同じく副首相に就任した将来の指導者候補である。ブンポーンが降格しパンカムが書記局常任に就任したことは，次期指導者候補に躍り出たこ

57

とを意味する。

　パンカム以外のメンバーをみると，検査機構，組織委員会，党中央事務局，宣伝・訓練委員会，国防省，公安省の指導幹部が入っており前回とほとんどちがいはない。注目は前回 39 位から書記局入りしたキケオ党中央宣伝・訓練委員長と，新人で書記局入りしたウィライ国防副大臣である。キケオは党の思想・理論作業を担当する宣伝・訓練委員長であり，今後は「カイソーン・ポムヴィハーン思想」の具体化という重責を担っている。一方ウィライの入局は驚きであった。しかし 4 月の国会でセーンヌアン国防大臣が国会副議長に異動したことを考えれば，ウィライの入局はそれを見越しての動きだったと解釈できる。

　3．党中央執行委員会

　第 10 期党中央執行委員会は前期から 8 人増え 69 人となった。また予備委員制度が 1991 年以来復活し 8 人が選出された（*Pasaason,* January 22, 2016）。委員数の増加は党員数の拡大に伴う措置であるとともに，幹部へのポスト配分という意味合いもある。予備委員の復活も同様だが，近年は事故や病気による委員の死亡が多く，補充のための措置ともいえる。ただし人選をみると指導者や有力家系の子息・子女が目立ち，指導者達の意向を反映するための制度といえなくもない。これについては後述する。

　表 3-7 は第 10 期党中央執行委員会名簿である。前期から外れたのはチュムマリー前党書記長やトーンシン前首相を筆頭に 22 人いる（表 3-8）。その理由は年齢，病死や事故死，健康問題等さまざまだが，降格は少なくとも 4 人いると考えられる。前回 28 位のカムプーイは複数政党制の導入を訴えたことによる降格，前回 43 位のプーペット政府官房大臣と 58 位のカムラー前ウドムサイ県知事は架空公共事業に絡む汚職による降格である。また 50 位のカムフン前ファパン県知事も県内の投資絡みの問題による降格と思われる。しかしカムフンは党中央事務局副局長に異動となっている（*Pasaason,* January 8, 2016）。

　事故死は 2014 年の飛行機事故で死亡した 4 人であり，病死は 38 位のサンニャーハック国防副大臣である。サンニャーハックは故カイソーン元書記長の子息であり 45 歳（死亡時）と若く，能力も高く将来を期待された人材であった。

58

第 3 章　党と国家の新指導部

表 3-7　第 10 期党中央執行委員会

序列	前期序列	氏名	役職（選出時）
1	3	ブンニャン・ウォラチット	国家副主席，書記局常任
2	6	トーンルン・シースリット	副首相兼外務大臣
3	4	パニー・ヤートートゥー*	国会議長
4	9	ブントーン・チットマニー	政府検査機構長/反汚職機構長/党・国家検査委員会長
5	11	パンカム・ウィパーワン	副首相兼教育・スポーツ大臣
6	13	チャンシー・ポーシーカム	党中央組織委員会委員長
7	17	サイソムポーン・ポムヴィハーン	国会副議長
8	27	中将チャンサモーン・チャンニャラート	国防副大臣
9	32	カムパン・ポムマタット	党中央事務局長
10	31	シンラウォン・クットバイトゥーン	首都ヴィエンチャン党書記・都知事
11	34	ソーンサイ・シーパンドーン	政府官房長官
12	15	中将　セーンヌアン・サイニャラート	国防大臣
13	39	キケーオ・カイカムピトゥーン	党中央宣伝・訓練委員会委員長
14	53	少将　ソムケーオ・シーラウォン	公安大臣
15	新	少将　ウィライ・ラーカムフォーン	国防副大臣
16	10	ブンポーン・ブッタナウォン	副首相
17	18	ソムパン・ペーンカムミー	国会副議長
18	21	カムマン・スーンヴィルート	内務大臣
19	22	チャルーン・イアパオフー	国家社会科学院院長
20	30	カムサーン・スウォン	最高人民検察院長
21	33	ソムコット・マンノーメーク	シェンクアン県党書記・県知事
22	35	ナム・ウィニャケート	アッタプー県党書記・県知事
23	37	シーサイ・ルーデートムーンソーン*	党中央組織委員会副委員長（前ラオス女性同盟議長）
24	40	カムバイ・ダムラット	前カムアン県党書記・県知事（国家建設戦線に異動予定）
25	41	ソムマート・ポンセーナー	天然資源・環境大臣
26	42	ソムディー・ドゥアンディー	計画・投資大臣
27	44	ボーセンカム・ウォンダーラー	情報・文化・観光大臣
28	45	リアン・ティケーオ	財務大臣
29	46	エークサワーン・ウォンヴィヒット	保健大臣
30	48	サイシー・サンティウォン	党組織委員会副委員長
31	49	カムペーン・サイソムペーン	労働・社会福祉大臣
32	51	少将　スウォーン・ルアンブンミー	国防副大臣，軍参謀総局長
33	52	カムムン・ポンタディー	国家主席府大臣
34	54	カムチェーン・ウォンポーシー	ポンサリー県党書記・県知事
35	55	バーン・ノーイマニー	ラオス労働総連盟議長
36	56	スックコンセン・サイニャルート	ラオス国立大学学長
37	57	カムパン・シッティダムパー	最高人民裁判所長官
38	59	カムブーイ・ブッダーヴィアン	セコーン県党書記・県知事

39	60	スーントーン・サイニャチャック*	党中央対外関係委員会委員長
40	61	少将 トーンローイ・シーリウォン	国防副大臣
41	新	カムマニー・インティラート	エネルギー・鉱業大臣
42	新	オーダイ・スダーポーン	カムアン県党書記・県知事
43	新	コーンケオ・サイソンカーム	ボリカムサイ県党書記・県知事
44	新	インラーワン・ケーオブンパン*	ラオス女性同盟議長
45	新	カムカン・チャンタウィースック	ルアンパバーン県党書記・県知事
46	新	ケムマニー・ポンセーナー*	工業・商業大臣
47	新	ボーヴィアンカム・ウォンダーラー	科学・技術省大臣
48	新	ヴィアントーン・シーパンドーン*	国家会計監査機構長
49	新	ソーンタヌー・タムマウォン	ラオス人民革命青年同盟書記
50	新	サルームサイ・コマシット	外務副大臣・外務省党委員会書記
51	新	セーンドゥアン・ラーチャンタブーン*	教育・スポーツ省副大臣
52	新	ウィライウォン・ブッダーカム	国会事務局副局長（前ラオス人民革命青年同盟）
53	新	ソムパーオ・ファイシット	ラオス銀行総裁
54	新	タンサマイ・コマシット	郵便・テレコミュニケーション副大臣
55	新	トーンサリット・マンノーメーク	国家政治・行政学院長
56	新	ブンチャン・シンタウォン	公共事業・運輸大臣
57	新	シースワン・ウォンチョームシー	サラワン県党書記・県知事
58	新	ペット・ポムピパック	農林大臣
59	新	ポンサワン・シッタウォン	サイニャブリー県党書記・県知事
60	新	カムパン・ブーイニャウォン	ボケオ県党書記・県知事
61	新	ペットサコーン・ルアンアーパイ	ウドムサイ県党書記・県知事
62	新	ウィドン・サイニャソーン	ヴィエンチャン県党書記・県知事
63	新	アヌパーブ・トゥナーロム	首都ヴィエンチャン副委員長
64	新	少将 シンタウォン・サイニャコーン	公安副大臣
65	新	ブントーン・ディーウィサイ	チャンパーサック県党書記・県知事
66	新	スパン・ケーオミーサイ	サワンナケート県党書記・県知事
67	新	ワンサイ・ペーンスムマー	フアパン県党書記・県知事
68	新	ペッターウォーン・ピラワン	ルアンナムター県党書記・県知事
69	新	サンティパープ・ポムヴィハーン	サワンナケート県党副知事

予備委員

1	新	ブンカム・ウォラチット*	天然資源・環境副大臣
2	新	ブワコン・ナームマウォン	ルアンパバーン県副知事
3	新	ソーンサイ・シットパサイ	ラオス銀行副総裁
4	新	バイカム・カッティニャ*	労働・社会福祉副大臣
5	新	アルンサイ・スンナラート	ラオス人民革命青年団副書記
6	新	スワンサワン・ウィニャケート*	第14選挙区国会議員
7	新	ポーサイ・サイニャソーン	サワンナケート県カイソーン・ポムヴィハーン郡党書記・郡長
8	新	ラーオパオソン・ナウォンサイ	サイソムブーン県副知事

（出所）*Pasaason*, January 25, 2016 を基に筆者作成。
（注）*は女性。

60

表 3-8 第 10 期党中央執行委員から外れた委員

第 9 期序列	氏名	ステータス	年齢（大会時）
1	チュムマリー・サイニャソーン	引退	79
2	トーンシン・タムマウォン	引退	71
5	アサーン・ラオリー	引退	74
7	中将ドゥアンチャイ・ピチット	死亡	65（死亡時）
8	ソムサワート・レンサワット	引退	70
12	トーンバン・センアポーン	死亡	62（死亡時）
14	スカン・マハラート	死亡	61（死亡時）
16	チュアン・ソムブンカン	死亡	60（死亡時）
19	オーンチャン・タムマウォン	引退	62
20	ピマソーン・ルアンカムマー	引退	72
23	スリウォン・ダーラウォン	引退	66
24	ブンペン・ムーンポーサイ	引退	67
25	パンドゥアンチット・ウォンサー	引退	67
26	カムブン・ドゥアンパンニャー	引退	66
28	カムプーイ・パンマライトーン	降格	57
29	ウィライワン・ポムケー	引退	73
36	トンイートー	引退	69
38	少将サンニャーハック・ポムヴィハーン	死亡	47（死亡時）
43	プーペット・カムプーンウォン	降格	不明
47	カムラー・ローロンシー	不明	不明
50	カムフン・フアンウォンシー	降格	不明
58	カムラー・ルアンナソーン	降格	不明

（出所）*Eekasaan koongpassum nyai khang thii IX phak pasaason pativat lao*, Sturat-Fox
（2008），党内部資料を基に筆者作成。

存命であれば間違いなく上位に入った人材であり書記局入りの可能性は高かっ
た。サンニャーハックやドゥアンチャイ大臣の死により，国防人事サイクルは
修正を余儀なくされたといえる。そしてそれがウィライの書記局入りに影響し
ていると考えられる。

　今回新たに委員となったのは 30 人である。30 人の選出時の役職をみると，
全員が前回大会以降に県知事，大臣，副大臣等に就任した中堅・若手幹部であ
る。つまりこの 5 年間の人事異動が着実に反映された結果といえる。しかしサ
イソムブーン県知事と司法大臣は中央執行委員に入っていない。ソムバット・
サイソムブーン県知事は中央執行委員候補であったが落選している。ただ結果
的にサイソムブーン県は党大会後に県党書記・知事が交代し，序列 40 位のト

ーンローイ国防副大臣が新県党書記・知事に就任した（*Pasaason,* February 17, 2016）。

　委員や予備委員を含めて目立つのは指導者達の子息・子女の多さである。たとえばカムタイ家は11位のソーンサイのほか，義理の息子であるカムペーンが31位，娘のヴィアントーンが48位となっている。このほかにもカムタイ家やカイソーン家と関係が深いコマシット家から2人（50位と54位）入った。カイソーン家はサイソムポーンのほか，サンティパープが69位となった。チュムマリー家はヴィエンチャン県知事のウィドンが62位で入ったほか，サワンナケート県カイソーン・ポムヴィハーン郡郡長（選出時）ポーサイが予備委員7位となっている。ポーサイはその後6月にサワンナケート県副知事に就任した（*Pasaason Socio-Economic,* June 24, 2016）。トーンシン首相の子息ソーンタヌーは49位，シーサワートの子女インラーワンは44位，ブンニャンの子女ブンカムは予備委員1位，サマーン家からはナムが22位，スワンサワンが予備委員6位に入った。その他，故ウドム・カッティニャ元政治局員の子女バイカムが予備委員4位となっている。予備委員は指導者や有力家の子息・子女の将来を保証するための人材プール機関ともいえる。

　最後に今回の中央執行委員会選挙候補者リストの順位と選挙結果をふまえた序列のちがいを指摘する。候補者リスト39番までは前期の序列順に氏名が記されていた。40番以降は新人や復活者である。1月22日の投票日当日に発表された選挙結果はリストに記された順番どおりに発表された。しかし翌日に発表された正式結果は候補者リスト番号とは異なる順位づけがなされていた。つまり一晩で序列に変更があったのである。たとえば候補者リスト2位はパニー国会議長，3位はトーンルン副首相兼外務大臣であったが，正式結果は2位がトーンルン，3位がパニーとなった。このような順位の入れ替えは多くの箇所で行われた。

第3章　党と国家の新指導部

第4節　政府人事とトーンルン首相の政権運営

1．政府人事

　党大会後の3月20日に行われた第8期国会議員選挙をふまえて，4月20日に第8期初回国会が招集された。そこでは国会の組織・人事とともに，新たな国家機関人事が承認された。以下，国家主席，副主席，内閣の順に考察する。

　国家主席には順当にブンニャン党書記長が就任した。これまでも党書記長と国家主席は同一人物が兼任しており今回もそれに変更はない。国家副主席にはパンカム党書記局常任が就任した。ブンニャンもこれまで党書記局常任と国家副主席を兼務しチュンマリー前党書記長を支え，そのチュンマリーも書記長就任前は政治局常任兼国家副主席としてカムタイ元党議長を補佐してきた。つまりパンカムが党大会で書記局常任に就任した時点で今回の国家副主席就任は既定路線だったといえる。パンカムは現在65歳であり，次回党大会が開催される5年後には70歳と党書記長に就任するには適齢となる。革命第1世代や第2世代だけでなく，若手からもパンカムは能力を認められている人材である。役職から考えればパンカムが5年後に党書記長に就任する可能性は十分ある[17]。

　つぎに内閣人事をみよう。表3-9は新内閣の構成である。首相には予想どおり党大会で序列2位となったトーンルン副首相兼外務大臣が就任した。トーンルンは1945年11月10日生まれの70歳（選出時）であり，この10年間は副首相兼外務大臣を務めてきた。ラオスは2016年のASEAN議長国を務め，秋には首脳会議を主催した。外交経験豊富でASEAN各国首脳や外務大臣と人脈があるトーンルンはまさに最適な人材といえる。トーンルンの首相就任はもちろんそれ以外の能力や他の幹部とのバランスを考慮した結果でもあるが，ASEAN議長国という要素も働いたことは間違いないだろう。

　一方，2003年から4人体制となり，2014年には最大5人に増えた副首相は3人に減った。副首相に就任したのはブントーン，ソーンサイ，ソムディーの3人であり，3人とも初めての就任である。ブントーンは政府検査機構・反汚

63

表 3-9 内閣構成 (2016 年 4 月 20 日国会承認)

	役職	氏名	党中央役職	前職
1	首相	トーンルン・シースリット	政治局員	副首相兼外務大臣
2	副首相兼政府検査機構長兼反汚職機構長	ブントーン・チットマニー	政治局/書記局員	政府検査機構長/党中央検査機構長/反汚職機構長 (留任)
3	副首相	ソーンサイ・シーパンドーン	政治局員	政府官房大臣/官房長官
4	副首相兼財務大臣	ソムディー・ドゥアンディー	中央執行委員	計画・投資大臣
5	国防大臣	チャンサモーン・チャンニャラート	政治局員	国防副大臣
6	公安大臣	ソムケーオ・シーラウォン	中央執行委員	公安大臣 (留任)
7	内務人臣	カムマン・スーンヴィルート	中央執行委員	内務大臣 (留任)
8	天然資源・環境大臣	ソムマート・ポンセーナー	中央執行委員	天然資源・環境大臣 (留任)
9	情報・文化・観光大臣	ボーンセンカム・ウォンダーラー	中央執行委員	情報・文化・観光大臣 (留任)
10	農林大臣	リアン・ティケオ	中央執行委員	財務大臣
11	司法大臣	サイシー・サンティウォン	中央執行委員	党中央組織委員会副委員長
12	労働・社会福祉大臣	カムペーン・サイソムペーン	中央執行委員	労働・社会福祉大臣 (留任)
13	国家主席府大臣	カムムン・ポンタディー	中央執行委員	国家主席府大臣 (留任)
14	エネルギー・鉱業大臣	カムマニー・インティラート	中央執行委員	エネルギー・鉱業大臣 (留任)
15	工業・商業大臣	ケムマニー・ポンセーナー	中央執行委員	工業・商業大臣 (留任)
16	科学・技術大臣	ボーヴィアンカム・ウォンダーラー	中央執行委員	科学・技術大臣 (留任)
17	外務大臣	サルームサイ・コマシット	中央執行委員	外務副大臣
18	教育・スポーツ大臣	セーンドゥアン・ラーチャンタプン	中央執行委員	教育・スポーツ副大臣
19	ラオス銀行総裁	ソムパオ・ファイシット	中央執行委員	ラオス銀行総裁 (留任)
20	郵便・テレコミュニケーション大臣	タンサマイ・コマシット	中央執行委員	郵便・テレコミュニケーション大臣 (留任)
21	公共事業・運輸大臣	ブンチャン・シンタウォン	中央執行委員	公共事業・運輸大臣 (留任)
22	計画・投資大臣	スパン・ケーオミーサイ	中央執行委員	サワンナケート県党書記・知事
23	保健大臣	ブンコーン・シーハーウォン	なし	保健副大臣
24	首相府大臣・首相府官房長官	ペット・ポムピバック	中央執行委員	農林大臣
25	首相府大臣	チャルーン・イアパオフー	中央執行委員	国家社会科学院長
26	首相府大臣	ブンクート・サンコムサック	なし	司法大臣
27	首相府大臣	アルンケーオ・キッティクン	なし	外務副大臣
28	首相府大臣	スワンペン・ブッパヌウォン	なし	国会常務委員/国会経済・財政・計画委員会委員長

(出所) KPL (http://kpl.gov.la/detail.aspx?id=12291) を基に筆者作成。

職機構長を, ソムディーは財務大臣をそれぞれ兼任している。ブントーンは序列 4 位であり, また検査業務や汚職問題の解決が喫緊の課題であることから副首相就任に違和感はない。

　ソムディーの序列は決して高くない。それでも副首相に就任したのは財務大臣という役職の重要性だと考えられる。ソムディーは 2007 年に財務副大臣

64

から昇格し 2011 年まで財務大臣を務めた（山田・ケオラ 2008, 253; 2012, 42-44）。財政赤字や債務問題が悪化し，ウドムサイ県の架空公共投資事業事件が起きたのはソムディー退任後である。ソムディーは経験を買われ財務問題の解決や財務省の立て直しという重責を担うこととなった。

　以上の 2 人と異なりソーンサイは副首相専任である。政治局入りと同様に副首相就任に父カムタイの意向が強く働いたのは間違いない。2014 年にチャンパーサック県知事から政府官房長となり今回副首相に就任するというスピード昇進は，かつてカムタイが引き上げたブアソーン前首相の例を彷彿させる[18]。つまり将来的な首相就任のための準備期間といえる。ソーンサイは早ければ 5 年後に，遅くとも 10 年後には首相になる可能性が高い。

　一方，大臣の多くは留任した。変更があったのは財務，国防，外務，農林，司法，教育・スポーツ，計画・投資，保健，首相府大臣である。国防はセーンヌアン大臣が国会副議長に異動となったためにチャンサモーン副大臣が昇格した。外務大臣はトーンルン大臣が首相に就任したためサルームサイ党中央執行委員兼副大臣が昇格した。教育・スポーツ省もパンカム大臣が書記局常任や国家副主席に就任したため，セーンドゥアン党中央執行委員兼副大臣が昇格している。保健も同様に大臣の異動により副大臣が昇格した。しかしブンコーン新大臣は中央執行委員会には入っていない。

　農林，司法，計画・投資，首相府大臣は党・国家幹部が横滑りした。農林大臣にはリアン財務大臣が就任し，ペット農林大臣は首相府大臣兼官房長官という要職に就任した。司法大臣にはサイシー党組織委員会副委員長が就任している。計画・投資大臣にはスパン・サワンナケート県知事が就任した。リアンは経済計画が専門であり農林分野の専門性はない[19]。財務大臣から農林大臣への異動は明らかに格下げである。

　注目はペットとスパンである。ペットは 2015 年に農林副大臣から大臣に昇格したばかりであり，農林大臣を継続すると考えられていた。それがわずか半年で首相府大臣兼官房長官という要職に抜擢されたことになる。官房長官は政府の要であり首相や副首相と密接にかかわる。そして過去の例をみても同職を経験し昇進していく場合が多い。ペットの官房長官就任はトーンルン首相の意向が強く働き，将来を買われての人事だと考えられる。一方，スパンはかつて国家計画委員会（現計画・投資省）で計画局長を務めており，特別経済区の

あるサワンナケート県で地方行政経験を積んで古巣に復帰した形となった。計画・投資大臣に適任といえよう。

　そして以上の新内閣は，トーンルン首相がリーダーシップを発揮しやすい環境となった。年齢が近いライバルが首相と副首相を構成し足の引っ張り合いを行っていた前政権とは異なり，閣僚は全員トーンルンより年齢が低く，首相に対抗できる権力をもった閣僚はほとんどいない[20]。とくに同世代のライバルであったトーンシン前首相とソムサワート前副首相が一線を退いたことは大きい。もちろん集団指導体制を基本とする合議制であるため首相が独裁的な運営を行うことはない。しかしトーンルンはトーンシン前首相よりも強い指導力を発揮できる環境にあることは間違いない。また党書記局常任を務めるパンカムとは同郷であり旧ソ連留学時代が重なっている。党政との太いパイプもトーンルンにとっては好都合である。

　2．トーンルン首相の政権運営：変化の兆し

　実際にトーンルン首相は就任直後からリーダーシップを発揮し，矢継ぎ早に改革を実施している。就任から本章脱稿時の 2016 年 10 月までの数カ月間だけをみても，トーンルンがこれまでの首相と大きく異なっていることは明らかである。そして国民の首相への期待も高まっている。

　トーンルン首相がまず行ったのはイメージ戦略である。4 月 29 日に行われた初の閣議終了後，トーンルン首相は記者会見を実施し政府の開発ロードマップについて説明し，「貧困問題解決，遠隔地域の開発促進，所得向上，国内外投資の誘致が私の意向であり，政府を引っ張り実施していく」と述べた。またトーンルン首相はメディアからの架空公共投資事業，債務拡大，歳入不足，予算漏洩，汚職問題等に関する質問を受け付け，問題解決に取り組んでいく考えを示した（*Vientiane Times,* May 4 2016）。このようにオープンな記者会見を開催し自身の考えを述べ，メディアが自由に質問することは極めて珍しい。

　また 5 月になると，Facebook に「Support Prime Minister Thongloun Sisoulith」という首相支援ページが登場した。2016 年 10 月 8 日現在で 6 万1753 人が「いいね！」ボタンを押している。首相自身がページを作成したとは考えられないが，掲載内容をみると首相の動向や政府通達などであり，首相

関係者が行っていることは間違いないだろう。

　国家の指導者がSNSを活用してイメージ戦略を行うことは珍しいことではない。しかし第2章でも述べられているように，ラオスでは良くも悪くも個人が突出することは好まれない。建国の父であるカイソーンすら神格化されることはなかった。したがって1人の政治家を支援するSNSページの作成とそれを通じた情報発信は，本来ならば忌み嫌われる行動である。それが許容されすでに6万人以上がフォローし，掲載内容に対して国民がメッセージを書き込むツールとして確立したことは，これまででは考えられないことである。

　そしてトーンルン首相はイメージ戦略とともに，国民の関心が高い問題の解決に矢継ぎ早に着手した。第1は木材不法伐採問題である。2016年5月13日，未加工木材の輸出全面禁止に関する首相命令第15号が公布された（Naanyoklatthamontii 2016a）。その後，政府は6月1日に第15号の妥協なき実施に関する通達を各省庁と県に公布している。木材の不法伐採とその輸出は長年の問題であるが，どの政権も形式的な対応にとどまってきた。新政権発足後すぐに複数の命令や通達を公布し，実施の徹底を呼びかけるのは稀である。

　第2は電気料金問題である。一部の消費者の5月の電気料金請求額が通常の数倍から数十倍になり，ラオス電力公社（EDL）に対する不満がSNSで拡散した。当初EDLは一部の請求書は技術的また人的なミスだと認めたが，多くは高温による消費量の増加が原因だとした。EDLによる非真摯的な対応に国民の不満がさらに高まると，トーンルン首相は6月1日に「電気料金の再検査と消費者の不安解決に関する命令第18号」を公布し，関係各機関に問題解決と原因究明を行い，社会に対して説明を行うよう指示を出した。また同命令のなかでは規則違反を行った者への処分と人事異動についても言及している（Naanyoklatthamontii 2016b）。当然この命令は首相サポートページにアップされ，国民からは賞賛のコメントなどが寄せられた。その後，7月7日にエネルギー・鉱業省はEDLに対して，2017年7月までの電気料金を当初の引き上げ価格より引き下げるよう通達を公布している（Kaswang phalanggann lae boohae 2016）。そして7月11日，シーサワートEDL総裁が交代した（*Pasaason,* July 11, 2016）。交代は首相決議に基づいておりトーンルン首相の指示があったことは間違いない。

　第3は燃料輸入に対する免税措置の撤廃である。8月4日，政府は開発プロ

ジェクトなどに使用するガソリンなどの燃料への免税措置撤廃を発表した。これまで政府は開発プロジェクト，援助プロジェクト，国防・治安業務に関連する燃料輸入の免税を認めてきたが，これからはすべての燃料輸入に関税が課されることになる。この背景には，関係機関が必要以上の量のガソリンを無税で輸入し販売するという不正の横行や，深刻な歳入不足がある。チャルーン政府報道官によると2016年5月現在，14億9000リットルの燃料（約1億8600万ドル相当）が免税措置を受けているという（*Vientiane Times,* August 5, 2016）。この問題は今に始まったことではなくこれまでの政権も把握していた。今回の決定は8月1日〜2日に開催された首相・副首相会議で行われており[21]，トーンルン首相の意向が強く働いたことは明らかである。

　以上3つは国民の関心が高く，これまでの政権が問題を認識しながらも解決に本腰を入れられなかった問題である。とくに第1と第3は軍の利権が絡んでおり問題は複雑である。木材の全面輸出禁止や燃料輸入の免税措置撤廃という妥協なき決定は，まさにトーンルン首相のリーダーシップがなければ実施は不可能であった。先述のようにトーンルン首相がリーダーシップを発揮できる環境が整っていることもそうだが，軍歴がなく軍とのしがらみがないことも影響しているといえよう。

　しかし一方で，軍の利権に手をつけ始めたということは，軍との関係を悪化させる可能性がある。したがって，木材の輸出禁止と免税撤廃の実施がどこまで徹底されるかはわからない。また就任直後に国民の信頼を獲得するためのポピュリスト的側面もあろう。いずれにしろ就任後数カ月の政権運営からは，トーンルン政権がこれまでの歴代の政権とは異なり，合理的な国家運営を行える能力を備えており，ラオスに変化をもたらすのではないかと期待を抱かせる。2016年7月28日付けの英字紙*Vientiane Times*は，発足後数カ月の新政権は印象的な進歩をみせており，国民からも認められ，長年の問題が解決されるのではないかと希望を抱かせるとの意見を掲載した。首相への期待は高まる一方であり，その一挙手一投足に注目が集まっている。

おわりに

　今回の党，政府人事をみると実質的な権力は革命第3世代に移ったといってよいだろう。しかしブンニャンを書記長に据えたことで第1世代や第2世代が影響力を行使するチャンネルも残された。そこには今後の党軍関係の安定や，現時点での完全な世代交代を望まない革命第1世代の意図を看取できる。とくに今回の人事にカムタイ元党議長の影響力が強く働いたのは間違いないだろう。ブンニャンは変わり目にあるなかでの次世代へのつなぎ役であり，軍歴がある最後の第2世代指導者として象徴的な役割を担っているのである。

　とはいえ実質的な政権運営は首相に就任したトーンルンを中心に次世代が担うことになる。新内閣には実務経験豊富な中堅や若手が多く配置されており，これまで以上に合理的な国家運営を行っていくと考えられる。実際，就任直後から矢継ぎ早に改革を実施している。とくにトーンシン前首相，ソムサワート前副首相，アサーン前副首相，故ドゥアンチャイ前副首相の4人が政権から姿を消したことで，政策決定過程の合理性が高まり，非合理的な大規模プロジェクトは減少すると推測される。

　そしてそれは，トーンルンのリーダーシップと合理的判断にかかっている。ラオスは集団指導体制を基本とする合議制であるため，トーンルンが独裁的振る舞いをすることはないだろう。しかし，政府内にはトーンルンに対抗できる人材はみあたらない。前内閣では首相，副首相がほぼ同世代のライバルで占められており，それが権力均衡として機能していた面がある。つまりトーンルンは独自色を出しやすい環境にあるが，それがマイナス材料になる可能性も否定できない。とはいえ，就任後数カ月間の政権運営からは，リーダーシップを発揮し非常に合理的な政策を実施していると判断できる。

　また，2016年はASEAN首脳会議と関連会議がラオスで開催され，外交経験豊富なトーンルンが力を発揮し無事に大役を果たした。これによりトーンルンへの国民の期待はいっそう高まっている。今後の課題は国民の信頼や期待を背負ったトーンルンが，2年目以降も山積みである内政問題への対応を今の勢いで行えるかどうかである。とくに木材や資源，また公共事業などは，国家機関

や国有企業，そして軍などの利権が絡む複雑な問題である。トーンルンがこれまでの政権が手をつけられなかった問題に今後どこまで切り込んでいくのか注目される。

【注】

(1) 党規約ではこのような書き方になっている。しかし，サイソムブーン県の例をみると，県内の正党員 2830 人のうち 89 人が代表として参加している。したがって参加者は上級からの任命だと考えられる。

(2) 党大会とは各省庁や大衆団体の党委員会が開催する大会を指す。全国大会とは労働連盟や女性同盟などの大衆団体が開催する全国代表者大会であり，党大会とは区別される。

(3) 一般的には革命に参加してから党員になるため，革命参加年の方が入党年よりも数年早い。

(4) ブンニャンは 1937 年 8 月 14 日生まれである（Stuart-Fox 2008, 30-31）。

(5) たとえば Stuart-Fox（2008, 30-31）では，革命参加年は 1954 年となっているが，第 6 期党中央執行委員の略歴や長所・短所をまとめた党内部資料によると革命参加年は 1952 年 9 月となっている。

(6) 革命参加年は第 6 期党中央執行委員会内部資料による。

(7) 1991 年の第 5 回党大会で党書記長は党議長に改称されたが，その後，2006 年の第 8 回党大会にて再び党書記長に変更になった。カムタイの党議長就任は 1992 年 11 月のカイソーンの死亡による。

(8) もちろん党中央執行委員会には軍人もおり，軍歴のある第 3 世代は存在する。しかし，書記長は前期政治局員から昇格することが慣例であるため，ここでは政治局員の経歴のみを考慮している。

(9) 両者は党中央執行委員会相談役に就任する予定であり，完全に引退したわけではないが，実質的な権限は削がれたといえる。

(10) ソムサワートの可能性は低いと考えられるが経歴と年齢からいって次期指導者候補と位置づけてよいだろう。

(11) ただし，設定した道筋どおりにいくとは限らない。何か問題を起こせば周囲から降格させられることは十分考えられる。

(12) 経歴については *KPL*（http://202.137.141.13/kplrp/index.php/42-khammouan/172-dr-bounpone）に掲載された第 8 期国会議員選挙候補者ポスターに依拠している。

(13) たとえば『日本経済新聞』電子版 2016 年 1 月 22 日（http://www.nikkei.com/article/DGXLASGM22H70_S6A120C1FF2000/），*Radio Free Asia* 2016 年 1 月 22 日，（http://www.rfa.org/english/news/laos/Laos-elect-01222016112729.html）等を参照。

(14) 略歴は第 8 期国会議員選挙候補者ポスターによる。

(15) 略歴は第 6 期党中央執行委員会内部資料による。

⒃　最も代表的なプロジェクトは中国＝ラオス高速鉄道である。

⒄　しかし，それはトーンルンの処遇次第である。5年後にトーンルンは75歳となり，健康に問題がなければ書記長に就任する可能性はある。

⒅　ブアソーンはカムタイの後ろ盾により2006年に52歳の若さで首相に就任した。しかし2010年末，翌年に第9回党大会を控えた党内の人事闘争，自身の女性問題，政府の不正支出問題など，いくつかの要素が複合的に絡み自ら辞任することとなった。健康問題以外に任期途中での首相の辞任は極めて異例である（山田 2011, 250-253）。

⒆　略歴や専門性は第6期党中央執行委員会内部資料による。

⒇　唯一トーンルンと年齢が近いのはチャンサモーン国防大臣である。専門の国防分野ではトーンルンに意見する立場にあるが，その他分野でトーンルンに対抗できるかは疑問である。

㉑　政府公式ホームページ（http://www.laogov.gov.la/activities/pages/press.aspx?ItemID=68）を参照。

〔参考文献〕

＜日本語文献＞

山田紀彦 2002.「ラオス人民革命党第7回大会――残された課題――」石田暁恵編『2001年党大会後のヴィエトナム・ラオス――新たな課題への挑戦――』アジア経済研究所 121-151.

―――2011.「ブアソーン首相，突然の辞任」アジア経済研究所『2011 アジア動向年報』アジア経済研究所　249-266.

―――2012.「今後の政治改革路線と新指導部」山田紀彦編『ラオス人民革命党第9回大会と今後の発展戦略』アジア経済研究所　27-46.

―――2015.「燻る政治・経済への不安と党大会への準備」アジア経済研究所『2015 アジア動向年報』アジア経済研究所　303-324.

山田紀彦・ケオラ スックニラン 2008.「政治の安定と進む経済発展」アジア経済研究所『2008 アジア動向年報』アジア経済研究所　251-266.

＜英語文献＞

Stuart-Fox, Martin. 2008. *Historical Dictionary of Laos*. Third Edition. Lanham: Scarecrow Press.

＜ラオス語文献＞

Eekasaan koongpasum nyai khang thii VIII phak pasaason pativat lao〔ラオス人民革命党第8回党大会文書〕2006.

Eekasaan koongpassum nyai khang thii IX phak pasaason pativat lao〔ラオス人民革命党第9回

党大会文書] 2011.

Kaswang phalanggaan lae boohae［エネルギー・鉱業省］2016. *Chaegkaan leek thii 1182*［通達第 1182 号］*Kot labiap khoong phak pasaason pativat lao* [ラオス人民革命党規約] 2011.

Naanyoklatthamontii.［首相］2016a. *Kham sang vaa duai kaan pheum thavii khwaamkehmguat nai kaan khumkhoong lae kwatkaa kaan khutkhon mai, khouannyaai mai lae thulakit mai leek thi 13*［木材伐採，移動，木材ビジネス管理および監査における厳格性の向上に関する首相命令第 13 号］.

Naanyoklatthamontii.［首相］2016b. *Kham sang vaa duai kaan kwatkaa khun laalkhaa faifaa lae khai khwaam douat hoong khoong phuu somsai faifaa leek thi 18*［電気料金の再検査と消費者の不安解決に関する命令第 18 号］.

＜新聞＞
KPL.
Pasaason.
Vientiane Times.

第 4 章

「ビジョン 2030」

──達成できるか所得 4 倍増計画──

ケオラ・スックニラン

はじめに

　ラオス人民民主共和国（以下ラオス）が 1975 年末に成立して以来，短中期の
計画は経済政策の立案と実施の最も重要かつ包括的な枠組みとして利用されて
きた。建国当初は 1 カ年（1976～1977 年）と 3 カ年（1978～1980 年）の短期計
画であったが，1981 年からは中期計画である経済・社会開発 5 カ年計画が 5
年ごとに策定されている。一般的に経済・社会開発 5 カ年方針が人民革命党の
全国代表者大会（党大会）で提示され，その後の国会で具体的な国家計画とし
て決定される（山田 2014）。この 5 カ年計画に基づき短期の年次経済・社会開
発計画が策定され，政府によって執行される。

　しかし 2016 年 1 月に開催された第 10 回党大会ではこれまでと異なり，5 カ
年方針ではなく第 8 次経済・社会開発 5 カ年計画（2016～2020 年）（以下，第 8
次 5 カ年計画）がそのまま党大会で提示されたのに加え，より長期の 10 カ年開
発戦略（2016～2025 年）（以下，10 カ年開発戦略）とビジョン 2030（2016～2030
年）（以下，ビジョン 2030）も提示された。これら 3 つの計画・戦略は 2016 年
4 月に開催された第 8 期初回国会で承認された。ビジョン 2030 はこれまでで
最も長期な計画であり，2030 年までの 15 年間で 1 人当たり国内総生産（GDP）
と 1 人当たり国民総所得（GNI）を 4 倍にするという非常に高い目標を掲げて
いる。これは高い成長率を長期間にわたり維持しなければならない難しさ加え，

73

1人当たりGDPが2015年の4倍とは8000ドル超えを意味し，2016年現在の ASEANにおいても，シンガポール，ブルネイ，マレーシアの3カ国しか達成 できていない高い水準である。

とはいえ15年で1人当たりGDPが4倍になったのは前例がある。現にド ル建てでは，ラオスの1人当たりGDPは2000年から2014年までの14年 間で5.5倍（324ドルから1793ドルへ）に拡大している（World Bank "World Development Indicators"）。しかしこれは1人当たりGDPが300ドル台という比 較的低い水準時に達成できたことである。ラオスよりも工業化が進展してい るタイ，インドネシア，フィリピンは，通貨危機や金融危機に端を発する現地 通貨の下落などもあり，いまだに1人当たりGDP8000ドルに到達していない。 では，ラオスはこの壁を乗り越え目標に到達することができるのだろうか。

本章の目的は3つある。第1は第7次経済・社会開発5カ年計画（2011～ 2015年）（以下，第7次5カ年計画）の成果を確認すること，第2はビジョン 2030，10カ年開発戦略，そして第8次5カ年計画の内容を明らかにすること， 第3は，ビジョン2030の実現可能性について考察することである。以下，順 番にみていくことにする。

第1節　第7次5カ年計画（2011～2015年）の成果

本節は党大会におけるビジョン2030，10カ年開発戦略，第8次5カ年計画 に関する報告に加え，国家経済研究所（National Economic Research Institute）[1] のこれらの計画に関する報告書，そして，中央銀行などの公式統計を用いて， 第7次5カ年計画の成果を検証する。

1．おおむね達成された主要数値目標

第7次5カ年計画の主要成果を表4-1に示す。経済成長については，GDP 成長率の平均が7.9%で目標の8%以上をわずかに下回った一方，1人当たり GDPはキープの対アメリカドル為替レートの上昇で，2014/15年度には目標 を270ドル上回る1970ドルに達した。2010/11年度からの3年間はGDP成

74

長率が計画どおり年率 8%を上回ったが，2013/14 年度と 2014/15 年度ではそれぞれ 7.8%，7.5%にとどまった。しかし公式見解ではおおむね達成と評価されている（*Pasaason,* January 19, 2016；Kaswang phaenkaan lae kaan long thuen 2016a）。

市場経済化が本格化した 1990 年代以降，経済成長率は計画の中で最も重要な目標となった。そして 2000 年代に入ってからは，その目標達成のために資源・エネルギー開発が重視され，とくに水力発電開発が目標達成の重要手段として利用されてきた（ケオラ 2012）。第 7 次 5 カ年計画期間中に完成した発電所数は 26，総発電能力は約 4300 メガワット（MW）であり，その約 7 割が計画の最終年である 2015 年に完成した（Kaswang phaenkaan lae kaan long thuen 2016a）。

近年のラオスにおける経済成長率目標の達成は，基本的に総投資額および限界資本係数に基づくものである。限界資本係数はGDP比投資率をGDP成長率で割って求められる。第 6 次 5 カ年計画（2006〜2010 年）では，ラオスの限界資本係数が約 4.2 と推定されている（IMF 2008）。7%の成長をするにはGDP比で約 30%の投資が必要な計算である（0.07×4.2＝0.294）。これが，GDPの約 3 割を投資すれば約 7%の成長を達成できるとする計画の根拠になっている。これまでの発電所建設の投資総額は数十億ドルに上り，経済成長率の目標達成に大きく貢献した。たとえば，2015 年末に正式稼動したホンサー火力発電所（発電能力 1878MW）の総投資コストは 40 億ドル弱である。これは 2015 年のラオスのGDPの約 3 割に相当する。ラオスが想定する限界資本係数の単純計算では，仮にこの 40 億ドルプロジェクトが 1 年で実施されればそれだけで年間 7%以上の経済成長をもたらすという計算になる。実際は 26 もの発電所開発事業画が複数年にわたり実施されることで年間の総投資額が増え，全体として年平均 7%以上の成長をもたらすということになる。

2010/11 年度から 2014/15 年度までのインフレ率はそれぞれ 7.42%，5.12%，5.64%，5.16%，1.68％で年平均 5.0％であった（Kaswang phaenkaan lae kaan long thuen 2016b）。2014 年第 4 四半期のインフレ率は原油価格の下落で 2.75%とさらに低下し，2015 年第 1〜第 3 四半期までは 1%台で推移している（Bank of Lao PDR 2015b）。これによりインフレ率が成長率を下回るという目標は達成された。原油価格の低迷はインフレ率を年間平均 5%台に抑制できた最も大き

表 4-1　第 7 次 5 カ年計画の成果

	目標	年次結果					最終結果
		2010/11	2011/12	2012/13	2013/14	2014/15	
GDP平均成長率	8%以上	8.1%	8.3%	8.0%	7.8%	7.5%	7.9%
1人当たりGDP（ドル）	1700	1,217	1,349	1,534	1,671	1,970	1970
インフレ率	GDP成長率より低い	7.42	5.12	5.64	5.16	1.68	5.00%
対主要通貨の為替レート	±5%以内						–
アメリカドル	–	-4.16%	-0.32%	-1.82%	2.06%	1.11%	- 0.63%
タイバーツ	–	3.39%	-3.25%	0.46%	-3.26%	-2.29%	- 0.99%
輸出の成長率	年平均18%以上		-16.31%	114.91%	-5.82%	-0.22%	23.14%
輸入の成長率			10.42%	42.19%	28.25%	-5.83%	18.76%
歳入（GDP比）	19~21%	22.91%	24.54%	25.16%	25.69%	23.91%	24.44%
歳出（GDP比）	22~25%	25.61%	27.17%	32.75%	31.01%	28.44%	29.00%
財政赤字（GDP比）	3~5%	2.70%	2.63%	7.60%	5.32%	4.52%	4.55%
国家債務（GDP比）	45%						–
貯金残高成長率	年平均25.6%以上						
外貨準備高（100万ドル，輸入何カ月分）	輸入の6カ月以上	718.10	658.57	583.44	834.70	798.20	平均5カ月
投資（GDP比）	127兆キープ						236兆キープ
国家予算	10~12%	1.7兆				3.4兆	13.01兆 96.43%（達成率）
ODA	24~26%	5.0兆				5.3兆	26.98兆 91.05%（達成率）
国内外民間投資	50~56%	15.3兆				28.0兆	167.26兆 247.81%（達成率）
金融機関	10~12%						41.49兆 307.36%（達成率）
経済分野への公共投資比率	30%						30%
社会分野への公共投資比率	35%						35%
教育	–						17%
保健	–						9%

項目							
インフラ分野への公共投資比率	35%						35%
道路	—						28%
庁舎	—						7%
貯蓄残高（GDP比）	39.50%						49%（2014年）
国内歳入比国家設立金率	2〜5%以上						—
新規労働力	27万7000人						20万7611人
農業	21万人						5万7109人
工業	1万4000人						9万5313人
サービス業	5万3000人						5万5189人
米（100万トン）	4.20	3.06	2.76	3.21		4.10	97%（達成率）
天水田	2.97	2.32	2.73			3.36	112%（達成率）
灌漑水田		0.54				0.52	51%（達成率）
高地田		0.20				0.22	91%（達成率）
コーヒー（トン）	55,300	52,010				99,780	180%（達成率）
飼料用トウモロコシ（100万トン）	1.17	0.91				1.11	94%（達成率）
キャッサバ（100万トン）	0.64	0.74				1.51	235%（達成率）
エネルギー（新規、メガワット）		5.95	19.80	290.50	1,024.20	2,988.00	4,328.45
鉱物（キープ）						66.7兆	

（出所）*Pasaason*, January 19, 2016, Kaswang phaenkaan lae kaan long thuen（2016a）.

な理由であろう。ラオスのインフレ率は食料，衣料，住居など 12 部門でデータが整備されているが，燃料がおもなコストである運輸・輸送部門のインフレ率が際立った低下を示している（Ministry of Planning and Investment 2016a）。運輸・輸送部門のインフレ率は 5 年間で 7.9% から 1.7% に低下した。なかでも 2013/14 年度ではマイナス 5.2% の大きなデフレとなった。

　ラオスにとって重要な外貨であるアメリカドルとタイバーツに対するキープの為替レートは，2014/15 年度までの 5 年間の平均変化率がそれぞれマイナス 0.63% とマイナス 0.99% となり，対主要通貨の為替レート変動幅が ±5% 以内という目標も達成した（Ministry of Planning and Investment 2016a）。キープは 2006 年から 2014 年までの間に対アメリカドルで約 20% 切り上がっている（Asian Development Bank 2015）。最も重要な目標である 1 人当たり GDP がドルで評価されるため，キープ高が貢献していることは明らかだろう。財政に関しては，歳入の対 GDP 比が約 24.4% で目標の 21% を上回った一方，歳出も目標の上限を約 4% 上回り 29% となった。歳出は歳入で賄えない分が含まれるため，絶対額では目標を上回る収入を確保できたもののそれ以上に支出が伸びたことになる。財政赤字の対 GDP 比は目標の範囲内である。

　外貨準備高は 5 年平均で輸入の約 5 カ月分であり，目標の 6 カ月分に届かなかった。この外貨準備高と輸入に関する政府データは，世界銀行など国際機関の数値と大きな乖離がある。公式統計では外貨準備高が輸入の約 5 カ月分となっているのに対し，世界銀行の 2015 年データでは約 2 カ月分となっている。この乖離のおもな原因は，政府が輸入額から大型を中心に外国直接投資事業による輸入分を除外し評価していることにある（IMF 2015）。このように輸入何カ月分という計算方法では分母の選択によって結果が異なる。しかしラオスの外貨準備高の絶対額が相対的に低いことは明らかだろう。2015 年のラオスの外貨準備高は約 10 億ドル（2015 年）だが，人口が 2.3 倍のカンボジアは約 73 億ドルとなっている。ラオスの外貨準備高がなかなか増加しないのは年々拡大している貿易赤字に原因がある。貿易赤字のおもな原因は生産活動と直接かかわらない輸送機器とこれらの運用に必要な燃料の輸入拡大によるところが大きい。Nishimura et al.（2016）の COMTRADE データを用いた分析によれば，輸送機器の輸入額は 40 億ドル（2010〜2014 年）に上る。これは 2000 年から 2009 年までの 10 年間の 2 倍に相当する。また燃料の輸入額は同 10 年間で約 25 億

ドルだったが，2010〜2014 年の約 5 年間だけでその 2 倍以上の 50 億ドルに拡大した。資源輸出で得られた外貨が乗用車と燃料の輸入によって流出した構図である。

　一方結果が目標を大きく超えたものもある。たとえば，投資は 2014 年 9 月現在までで目標額の 127 兆キープを大きく上回る 236 兆キープに上った（Ministry of Planning and Investment 2015）。予定投資額は国家予算と ODA がそれぞれ目標の 96%（約 12 兆キープ）と 92%（約 28 兆キープ）にとどまる一方，国内外の民間投資が計画の 229%（154 兆キープ）を達成し，金融機関の融資は目標の 2 倍以上となった（Ministry of Planning and Investment 2015）。なかでも外国直接投資は順調に増加し，2014 年には 2011 年の 2 倍以上である約 7 億ドル（実施ベース）に達した（World Bank "World Development Indicators"）。民間投資以上に計画を上回ったのは金融機関の融資である。国内外の金融機関の融資総額は計画の 297% に相当する約 40 兆キープに達した（Ministry of Planning and Investment 2015）。金融機関からの融資が増えた理由として，2011 年から2014 年の間に少なくとも 9 つの海外または海外との合弁金融機関が新たに設立された他，既存銀行の地方支店設置が相次いだことが挙げられる（Bank of Lao PDR 2010；2015a）。そしてこれらの金融機関の融資が投資額の大幅な拡大をもたらしたと考えられる。

　農業ではコーヒーやキャッサバの生産量はいずれも第 7 次 5 カ年計画期間中にほぼ倍増した。反対に，灌漑田によるコメ増産目標は大きく目標を下回った。年間 420 万トンであるコメの増産目標の達成率は 97% であるためおおむね達成と評価されている。しかし約 100 万トンと掲げられた灌漑水田による増産目標達成率は約 50% にとどまる。灌漑水田の拡大は灌漑設備の整備が必要不可欠であるが，財源が優先的に配分されていない実態がある。国家が主導する食糧生産よりも，民間や外資がかかわる商品作物の方が増産したのである。また労働力の拡大は，目標の 27 万人に対し約 20 万人しか新規労働力が確保できなかった。工業部門では約 1 万 4000 人の目標に対して約 9 万 5000 人，サービス業では目標とほぼ同じ約 5 万人増加したものの，農業部門では約 21 万人の目標に対し 5 万人程度しか労働力が増加しなかった。工業部門で目標が大きく達成できたのはそもそも目標が低かったことにある。

　要約すれば，第 7 次 5 カ年計画の経済成長など主要な数値目標は，資源・エ

ネルギー分野への国内外民間投資によって達成された一方で，資源・エネルギー分野以外の先的な財源の確保と投入が行われなかった分野では達成できなかった数値目標が多いといえる。政府の予算配分額は経済部門が35%，社会部門が35%，インフラ部門が35%とバランスをとっているが，とくに社会・インフラ部門では投資が必ずしも直接的に成果に結びつかない場合が多い。これについては以下でもう少し詳しくみることとする。

2．党の認識と課題

党大会で経済報告を行ったトーンシン首相（当時）は，第7次5カ年計画の課題や問題点を以下の5つにまとめている。
1）第9回党大会で定めた4つの突破や目標が各地域の状況にあった形で適切に実施されなかった[2]。
2）経済成長は量的な拡大にとどまり，質的な拡大が欠けている。外貨準備高が不足しており，輸出の付加価値が低くまた多様性がない。政府投資は重点的に行われておらず，また財政規律も厳格に守られていない。国有企業や国内民間企業の競争力がいまだ低い。投資環境の改善は投資家の求めに十分に応えられていない。
3）経済発展に文化・社会開発や環境保護が伴っていない。都市と農村の格差が存在し，また達成できなかったミレニアム開発目標が存在する。人材育成が量的な拡大に偏り，質が不十分で，また需要に合致していない。天然資源が持続的に利用されていない。
4）行政における法の支配が徹底されておらず，市場経済メカニズムの妨げとなっており，否定的現象がまん延している。
5）地域統合や国際統合への準備が不十分である。

以上からは経済成長を実現した一方で，財政規律が厳格に守られず，経済格差，汚職問題，また環境問題が悪化し，経済開発の負の側面が拡大していることが読みとれる。第7次5カ年計画で達成できなかった目標には幾つかの重要な経済数値目標に加え，2）の輸出の多様性，企業の競争力などのように量的に評価しにくい質的な現象と，3）のミレニアム開発目標（MDGs）にある教育，

表 4-2　ラオスにおけるミレニアム開発目標の達成状況

全体目標	部分目標	2015年目標	年次結果					ラオスの達成状況
			2010/11	2011/12	2012/13	2013/14	2014/15	
MDG1 極度の貧困と飢餓の撲滅	貧困率	24%						23.2%（LECS5 2012-2013）
	低体重の5歳未満児の割合	22%						27%（MICS 2011）
	低身長の5歳未満児の割合	34%						38%（2011）
MDG2 普遍的な初等教育の達成	小学校の就学の割合	98%	94.1%	95.2%	96.8%	98.0%	98.6%	98.60%
	小学校の修了の割合	95%	68.0%	70.0%	71.4%	77.5%	78.3%	78.30%
	中学校の就学の割合	75%	62.9%	64.7%	69.0%	74.4%	78.1%	78.1%
	15-24歳の識字率の割合	99%	87.0%	92.0%	94.8%		98.6%	98.60%
MDG3 ジェンダー平等の推進と女性の地域向上	小学校の女子児童の割合	100%	94.0%	95.0%	95.0%			
	中学校の女子生徒の割合	100%	87.0%	89.0%	91.0%			
	高校の女子生徒の割合	100%	81.0%	83.0%	84.0%			
	高等教育機関の女子学生の割合	100%			60.0%			
MDG4 乳児死亡率の削減	5歳未満児の死亡率（1000人当たり）	80		79				
	乳児死亡率（1000人当たり）	49		68				
	1歳児以下の麻疹予防接種の割合	90%		55%				
MDG5 妊産婦の健康の改善	妊産婦死亡率（1000人当たり）	260		357		220		
	医師・助産婦の立ち合いによる出産の割合	50%		42%		58%		
	避妊具普及率	55%				49%		
	産前のケアの機会	69%				46%		
MDG6 HIV/エイズ、マラリア、その他の疾病のまん延防止	15~49歳のHIV感染率	1%			0.28%			
	10万人当たりのマラリア有病率	0.2		0.29				
	10万人当たりの結核の有病率	240			204			
MDG7 環境の持続可能性の確保	森林面積の割合	65%	47.0%					
	生物多様性損失の低減（絶滅危惧種数）		115	167				
	安全な飲料水を利用できない人口の半減	80%					84.71%	

表 4-2（続き）

MDG 8	開発のためのグローバルなパートナーシップの推進				
MDG 9	不発弾の影響の削減	不発弾除去面積（ヘクタール）	10 万	4,050	10.094	18.000

（出所）Kaswang phaenkaan lae kaan long thuen (2016a). Ministry of Planning and Investment (2015).
（注）LECSはLao Expenditure and Consumption Survey. MICSはMultiple Indicator Cluster Survey. LSISはLao Social Indicator Survey.

第4章 「ビジョン2030」

保健などの社会セクターの目標がある。ここではミレニアム開発目標の達成状況を検証し、社会部門における目標達成状況をみることにする。

ラオスは2015年までにMDGsを達成することを第7次5カ年計画で掲げている。MDGsは国連で2000年に合意され、2015年までに達成すべき目標を設定しており、ラオスの第5〜7次5カ年計画の時期とほぼ重なる。MDGsは経済に加え、教育、保健など経済以外の目標も盛り込まれた開発目標である。ミレニアム開発目標の達成度は表4-2のようになっている。この中で、所得の向上によって直接的に解決できるものとして、MDG1の貧困率がある。ラオスは2015年までの達成目標24%を2012/13年度の時点で達成した。しかしながら、低体重の5歳未満児の割合、低身長の5歳未満児の割合、乳児死亡率、1歳児以下の麻疹予防接種の割合、産前ケアの機会、小学校の修了、中学校の女子生徒割合、高校の女子生徒割合、高等教育機関の女子学生割合などは2015年までの達成が難しい状況である。投資額が機械的に経済成長率に反映されるのに対し、女子生徒の就学率の向上などは児童が就学しやすい文化的または社会的環境の整備が重要になる。財源の配分次第で達成が高い確率で担保できる経済分野の目標に対し、環境分野と社会分野の目標達成には、文化・社会的条件や人々の意識を変えていかなければならないため時間を要する。

第2節　ビジョン2030，10カ年開発戦略，第8次5カ年計画

第10回党大会ではこれまでと異なり、第8次5カ年計画，10カ年開発戦略，ビジョン2030の3つが同時に提案されている。位置づけとしては、ビジョン2030を達成するために10カ年開発戦略、そして、第8次5カ年計画が策定されたといえる。ここではより包括的かつ上位の計画であるビジョン2030からみていくこととする。

1．ビジョン2030（2016〜2030年）

ビジョン2030の目標は以下のとおり要約できる。1）から8）は第10回党大会で提示された順番通りに記述している。このように並べると下位の目標

表 4-3　ビジョン 2030 の主要目標と経路

	2014/15 現在	2020	2025	2030
人口 (100 万人)	6.49	7.08	7.67	8.15
1 人当たり GDP (ドル)	1,970	3,197	5,257	8,922
1 人当たり GNI (ドル)	1,554	2,522	4,146	7,073
貧困率	23.2% (2013)	10%以下	5%以下	
平均寿命	66.9	72.3	73 歳以上	
開発村の割合	27.7% (2014)		70%以上	
1 万人当たりの科学者 (1 万人当たり)	1.1 人		11 人	
森林面積の割合	40.3% (2012)		70%以上	
貿易/GDP		70%以上	95%以上	100%以上
歳入 (GDP比)	24.6% (2011-15)	18〜20%	19〜21%	
歳出 (GDP比)	23.9% (2011-15)	25%以下	26%以下	

(出所)　Kaswang phaenkaan lae kaan long thuen (2016b).

は，上位の目標を達成するためのものと位置づけられる (*Pasaason,* January 20, 2016)。具体的には上位中所得国になるため，2030 年までに所得の 4 倍増をめざしている。上位中所得国の条件は所得だけではないが最も重要な基準となっている。所得倍増は工業化・近代化と持続的発展により達成する。そして地域統合，資源の効率的な利用，行政の効率化などを行うことにより工業化・近代化をめざすという具合である。

1）知的経済，グリーンおよび持続的発展に沿った上位中所得国
2）GNIが 2015 年の 4 倍以上
3）工業化と近代化のための支柱となる工業および磐石な経済インフラを有し，社会主義の方針に沿った市場経済の継続的発展
4）平和，民主，文明，公平，そして，所得や地域格差が縮小した社会
5）国民の生活，人的資源の質が向上し，国民の権利が法律で保障される
6）3 つの建設に基づく統治の強化
7）環境保護，資源の効率的な利用
8）地域や国際との統合を主体的に推し進める

　1）から 8）までの目標について，党や政府が想定している発展経路を明らかにするため，表 4-3 には第 8 期初回国会で承認された 2015 年以降の 5 年ご

との主要な数値目標を示している。1）から3）については，1人当たりGDPと
GNIがドルベースで5年ごとに60%以上拡大することを想定している。為替
効果を考慮しなければ，年平均12%以上の成長が必要になる計算である。貧
困率は5年ごとに半減とされ，今後10年で5%以下になる。開発村の割合は
27.7%から70%以上，平均寿命は2025年に73歳以上となる。2014/15年度に
約700人いるとされる科学者は，2025年までにその10倍以上の約8500人に
まで増やす。これは1万人当たりの科学者が1.1人から11人に増えることを
意味する。4）から6）は，経済的な地域格差の是正が目的ととらえることがで
きる。7）については，森林面積の割合は今後の約10年で40%から70%以上
に拡大させる。8）については，貿易/GDPが2025年に95%以上，2030年には
100%以上に拡大させるとなっている。

2．10カ年開発戦略（2016〜2025年）

　2030年までの長期目標や方向性を定めたビジョン2030に対し，10カ年開
発戦略は2025年までのより詳細な目標を示す一方，前者の達成を担保するた
めの道標的な位置づけといえる。2025年までの総合方針は，①4つの突破に
基づく経済・社会開発計画の展開，②2020年までの後発開発途上国脱却とグ
リーン・持続的な発展，③経済，文化・社会，環境が融合した開発，④法の支
配による行政，⑤地域統合と国際化の促進である。これらの総合方針を反映
し，以下の1）から6）のような政治，経済，社会，環境などの具体的な目標が，
2025年までの達成すべき目標として掲げられている。1）と6）以外は数値目
標となっている。

1）党を中心とする安定した政治体制
2）年率7.5%以上の成長，2025年までに1人当たりGDPが2015年の2倍
3）貧困率が5%以下
4）適年齢の国民が中学校を修了，平均寿命73歳の達成と必要な労働者，
　　研究者，科学者の輩出
5）森林被覆率　70%以上
6）多くの国と友好関係を築き，生産ネットワークにおける競争力の確保，
　　および積極的に地域統合と国際化を推し進める

10 カ年開発戦略には，上記の1）から6）に基づき，さらに以下の7つの国家戦略が定められている。

A）グリーンかつ持続的で成長率7.5%以上の質のある発展をめざす。安定したマクロ経済環境のなか，貧困率が低下し国民生活が向上する。国内需要を満たし，および輸出するに十分な食糧生産を行う。地域に即した開発や労働力の配置を行う。

B）2020年までの低開発国脱却と持続的発展目標の達成。

C）革命道徳，知識を備え，身体的に健康な人材を育成する。

D）グリーンおよび持続的に資源を効率利用する。土地，森林，鉱物，水資源，大気を持続的に，そして，最大利益を生み出すために利用する。気候変動に対応する。資源のデータベースを整備する。

E）法の支配，行政の強化，効率化を図るため，行政組織をスリム化し，法律，規則を整備し，行政機関の縦と横の効率的な連携を図る。

F）地域統合および国際統合では，競争力を向上させ，国際的な生産ネットワークに参加することにより，友好国と国際協力を拡大していく。

G）工業化，近代化では，環境に配慮した先進技術の導入，地域統合を進展させる近代的なインフラ整備を行う。また都市化政策により大都市を整備する。工業化はとくに電力，農産物，鉱物の加工を含めた製造業，観光業や関連分野である農林業，金融業，通信業，通過輸送サービス業などに重点をおく。

1）から6）の目標は2016年1月の党大会で提示されたもの，表4－3の数値は4月に開催された国会で承認された目標である。ふたつを比べると国会承認までに変更された数値目標があることがわかる。たとえば，党大会報告では2025年の1人当たりGDPは2015年の2倍（約4000ドル）とされていたが，第8期初回国会で承認された資料では約2.7倍（約5200ドル）となっている。つまり2030年に向けてより早いペースで成長する方針に転換したのである。では，党は中期戦略とビジョンを達成するためどのような第8次5カ年計画を策定したのだろうか。

第 4 章 「ビジョン 2030」

３．第８次５カ年計画（2016〜2020 年）

　表 4-4 に第８次５カ年計画を示す。目標の量的，質的な変化を比較するため第７次５カ年計画も併記している。ふたつの計画を比較しながら第８次５カ年計画の主要目標を概観する。まず，GDP成長率目標が 8%以上から 7.5%以上，インフレ率は成長率より低い 6%以下，輸出成長率は 18%から 15%以上，そして外貨準備高は輸入の６カ月以上から５カ月以上に引き下げられた。一方で，歳入および歳出はともに対GDP比が引き上げられている。

　最も顕著なちがいは，第８次５カ年計画では第７次５カ年計画になかった，持続性に関する指標が新たに導入されたことである。持続性は通常ふたつの文脈で議論されている。ひとつは，経済，環境と社会の調和，そして，もうひとつは格差の解消である（Sachs 2015）。経済，環境と社会の調和に関しては，第８次５カ年計画でHAI（人的資源指数）やEVI（経済貧弱性指数）などが設定され，また未達成のMDGsが数値目標として盛り込まれている。格差の解消については，第８次５カ年計画で産業別成長率，１人当たりGDP，貧困率などが地域別（北部，中部，南部）に設定されている。地域格差の解消は持続的発展への重要な条件であり，党が持続性をより重視していることを裏付けている。これにはSDGsの影響もあろう。

　一方，第８次５カ年計画と第７次５カ年計画の共通点は投資による成長戦略である。政府，外資，金融機関など財源構成に一定の変化はあるが，2020年まではGDPの約 30%に相当する投資が成長のエンジンとして期待されている。GDPの 30%とは 2015 年の数値で 40 億ドルに相当する。ラオスでは発電所開発などの大型投資なくしてこの数値を達成する方法はないに等しい。つまり，ラオスは今後も資源・エネルギー分野への投資を誘致し，高度成長をめざすことになる。ただし投資の財源については若干の変化がみられた。第７次５カ年計画では予定していた額の 180%の投資が集まったためか，第８次５カ年計画では第７次５カ年計画と比較して最初から２倍弱の投資が見込まれている。ODAの割合は 12〜16%で第７次５カ年計画から半減している。代わりに金融機関の割合が倍増している。これは第７次５カ年計画で投資における金融機関の割合が計画の 200%に達したためと推測できる。

87

表 4-4　第 7 及び 8 次 5 カ年計画の目標

	目標 2011-2015	目標 2016-2020
GDP平均成長率	8%以上	7.5%以上
1 人当たりGDP（ドル）	1,700	3,190
北部		2,085
中部		3,784
南部		2,169
1 人当たりGNI（ドル）	−	2,520
貧困率		10%未満
北部		7.72%未満
中部		1%未満
南部		6.57%未満
乳児死亡率（1000 人当たり）		30
5 歳未児以下の死亡率（1000 人当たり）		40
妊婦死亡率		160
HAI（Human Assets Index）人的資源指数	−	66 以上
EVI（Economic Vulnerability Index）経済貧弱性指数	−	32 以下
インフレ率	GDP成長率より低い	6%以下
対主要通貨の為替レート	± 5%以内	
輸出の成長率	年平均 18%以上	年平均 15%以上
輸入の成長率	−	
歳入（GDP比）	19〜21%	19〜20%
歳出（GDP比）	22〜25%	25%以下
財政赤字（GDP比）	3〜5%	5%以下
国家債務（GDP比）	45%	−
貯金残高成長率	年平均 25.6%	−
外貨準備高	輸入の 6 カ月以上	輸入の 5 カ月以上
投資（GDP比）	127 兆キープ	223 兆キープ
国家予算	10〜12%	9〜11%
ODA	24〜26%	12〜16%
国内外民間投資	50〜56%	54〜57%
金融機関	10〜12%	19〜21%

（出所）　Kaswang phaenkaan lae kaan long thuen（2016a）.

　以上，ビジョン 2030，10 カ年開発戦略，第 8 次 5 カ年計画の概要をみてきた。ラオスは持続的開発や環境保護をこれまで以上に重視しつつも，資源・エネルギー部門に依存し 2030 年までの上位中所得国入りを達成しようとしてい

る。ではビジョン 2030 は達成可能なのであろうか。次節では目標達成の可能性と条件について考察する。

第3節　ビジョン 2030 の達成可能性

　ラオスは 2030 年までに，1 人当たり GDP と GNI を 2015 年比で 4 倍にし，それぞれ 8922 ドル，7033 ドルにするとしている。以下では議論を容易にするため，「所得」といった場合には GDP と GNI を含めて使用することとする。まず，所得 4 倍増計画の実現可能性を考察する前に，ラオスを含めた ASEAN 諸国の 2030 年における所得，とくに 1 人当たり GDP のいくつかの長期予測の結果を示しておきたい。

　表 4-5 に 2030 年における ASEAN10 カ国の 1 人当たり GDP の予測が示されている。2010 年現在で 1 人当たり GDP が 8000 ドルを超えていたのは，人口規模が非常に小さいブルネイと都市国家シンガポールを除けばマレーシアだけである。予測では 2030 年にはタイの 1 人当たり GDP が約 1 万 2000 ドルに達する。一方インドネシアは期待値予測（努力をすれば達成可能という意味）では 1 人当たり GDP8000 ドル超えを実現するが，通常の予測では 7000 ドル台後半であり 8000 ドルには届かない。この分析のなかで，ラオスは 1 人当たり GDP が約 3700 ドルと予測されている。期待を込めた予測では約 4000 ドルとなっている。この分析は GDP の成長率だけで予測をしたものである。つまりラオスの GDP が 2010 から 2030 年までの 20 年間で約 2 倍となっているため，平均成長率約 7% を想定して算出されたことがわかる。

　通常のマクロ計量モデルではなく，Nishimura et al.（2016）のように空間経済学モデルを用いた分析でも，2030 年のラオスにおける 1 人当たり GDP は約 4000 ドルとなっている。ただし県別では約 1 万 4000 ドルの首都から約 2000 ドルの県があるように，県別の格差は拡大するという。その他にもいくつかの予測結果が公表されているが，ラオスの 1 人当たり GDP はおおむね約 3000～4000 ドルとなっている。つまりビジョン 2030 がめざす所得 8000 ドル台は一般的な予測の約 2 倍の数値なのである。

　以上をふまえて所得倍増計画について詳しくみてみたい。所得水準を経済計

表 4-5　ASEAN諸国における 1 人当たりGDPの長期予測

（単位：ドル）

	2010 年	2030 年 （予測）	2030 年 （期待的予測）
ブルネイ	29,882	47,561	59,763
カンボジア	753	2,984	3,356
インドネシア	2,981	7,657	10,433
ラオス	1,004	3,741	4,015
マレーシア	8,418	18,742	21,044
ミャンマー	742	3,250	3,337
フィリピン	2,123	5,210	5,308
シンガポール	43,862	65,293	70,180
タイ	4,992	12,156	14,977
ベトナム	1,174	4,310	4,285

（出所）　Asian Development Bank Institute（2014）.

画の目標にする国は多くないが存在する。日本は 1960 年に所得倍増計画を導入した[3]。アジアでは他に 2010 年にマレーシア（Prime Minister Department 2010），そして 2012 年に中国も所得倍増計画を発表している[4]。しかしこれらは所得を約 10 年間で 2 倍にするというものである。具体的には，日本が 1960 年に閣議決定した所得倍増計画は，10 年以内に 1958 年度価格で国民総所得を倍増することであった。マレーシアの経済改革プログラム（Economic Transformation Programme）は，2020 年までに 1 人当たり GNIを 1 万 5000 ドル以上，つまり 2009 年比（6700 ドル）の 2 倍以上にするものである。中国は GDPと 1 人当たり GNIを，2020 年までに 2010 年比で倍増させるとしている。

　3 カ国の結果と予想は以下のとおりである。日本は円建ての 1 人当たり GDP が 7 年で倍増し，計画を 3 年早く達成した。2010 年の中国の 1 人当たり GDP と GNIはそれぞれ 4510 ドルと 4300 ドルだったが，2015 年の 1 人当たり GDP と GNIがすでに 7920 ドルと 7820 ドルに達しているため，2020 年までのドルベースの目標達成はほぼ確実である。一方，2015 年のマレーシアの 1 人当たり GNIは 1 万 600 ドルである。つまり残り 5 年で 50%増が必要であり，成長率だけでは達成が難しい状況にある。

　これに対しラオスは，2030 年までに 2015 年比で所得を 4 倍にする目標を設定した。期間が上記 3 カ国よりも 5 年長いが目標も 2 倍高い。そして筆者はふ

たつの理由から目標達成は困難だと考える。ひとつはより長い期間にわたり高成長を維持しなければならないことである。年間成長率7%強を10年間維持できれば所得を2倍にすることができる。しかし15年間で4倍を達成するには毎年9.7%成長を続ける必要がある。ラオスが9.7%の成長率を15年間続けることは現実的ではないため，為替効果など経済成長以外の要因の助けがなければ，2030年までの所得4倍増計画は実現困難であろう。

　もうひとつは，所得倍増計画が導入された時の1人当たりGDPの水準である。所得水準がより低い状態にあれば経済開発により所得倍増は達成しやすくなる。1960年の日本の1人当たりGDPはドル建てで約500ドルであった。実際日本のドル建ての1人当たりGDPは1960年からの10年で4倍以上，そして15年で約10倍に拡大した（World Bank "World Development Indicators"）。中国は1人当たりGDPとGNIが約4000ドルとラオスよりも高い水準から倍増をめざしているが，国の規模，教育，技術水準など，ラオスと状況が別次元といえるほど異なる。人口が少なく，技術も資本も乏しく国内産業が発展していないラオスでは，1人当たりGDP2000ドルから出発し15年で4倍以上にするのは非常に難しい。

　とはいえ目標達成が絶対に不可能ということではない。いくつか難しい条件が重なれば所得4倍増計画が達成できる可能性はある。1人当たりGDPは成長率以外でも拡大する。とくに外貨で1人当たりGDPが評価される場合，自国通貨の上昇が目標達成を後押ししてくれる。GDPまたはGNIを評価する基準は，日本と中国の所得倍増計画では国内通貨，マレーシアの所得倍増計画はアメリカドルまたはマレーシアリンギットとなっているが，ラオスのビジョン2030の場合はアメリカドルである。ラオスキープは2007年以降，対アメリカドルで上昇傾向が続いていることから，党が為替効果を期待して計画を策定したことはほぼ間ちがいないだろう。もちろんキープが今後も対アメリカドルで上昇しつづける保証はない。アメリカドルの利子率は歴史的にも低い水準にあるため，今後上昇していくといわれている。アメリカ連邦準備制度理事会（Federal Reserve Board：FRB）はこの数年の低金利政策を転換させるため2015年12月に利上げを行っている。これによって，多くの発展途上国で影響が出ていることは周知の事実である。今後アメリカドルの金利が本格的に上昇すれば，キープの価値がアメリカドルに対して大きく上昇する可能性は高くないだろう。ま

たIMF（国際通貨基金）はこの数年で，ラオスの対アメリカドルの為替レートが過大評価であると指摘している（IMF 2012）。このようにキープは今後，上昇するリスクと下落するリスクが存在し，そして，所得4倍増計画の達成はこれに依存しているところが大きいのである。

またGDPは消費，民間投資，政府支出，貿易収支からなっているため，これらの要素が何らなの理由で大きく伸びれば15年での所得4倍増も不可能ではない。2015年にラオスを訪れた外国人観光客数は人口の3分の2以上に相当する約468万人を超えた[5]。外国人観光客から得られた収入は約7億2500万と推計されている。しかし約400万人は近隣国からの日帰りや短期訪問客がほとんどであり，観光客1人当たりの支出は比較的少ない。実際2015年にカンボジアを訪れた観光客は約470万人でほぼ同じ数だが，観光収支はラオスの4倍以上の約30億ドルである[6]。政府は2020年までに600万人の外国人観光客誘致を目標にしている。これはラオスの人口とほぼ同数である。観光客の支出を増やすような工夫次第で，消費が大きく伸び，1人当たりGDPに大きな効果をもたらす可能性はある。

もうひとつは民間投資や政府支出が大きく伸びるシナリオである。仮にGDPの6割を投資に確保できれば成長が2倍になるため，5年で所得は倍増する。もちろんGDP比で6割の投資を確保することは簡単なことではない。1960年以降日本を含めた東アジア諸国やASEAN諸国では，最も高くても投資比率の対GDP比は約4割にとどまる（World Bank "World Development Indicators"）。しかしながらラオスには70以上もの発電所建設計画に加え，ラオス＝中国高速鉄道建設などの大規模投資案件が存在する。発電所建設は投資額が数億から数十億ドル，高速鉄道も総工費は約60億ドルに上る。さらにこれまで成長を牽引してきた鉱物資源開発への期待もある。資源・エネルギー開発が本格化した2006年から2014年まで，キープの対アメリカドル為替率は平均で毎年約3％切り上がってきた（Asian Development Bank 2015）。ラオスでは資源・エネルギー分野が短中期的に伸び続けることはほぼ確実である。セポン鉱山ひとつの輸出額が一番多い時で10億ドルを超えた。大きな鉱山，とくに埋蔵量が世界規模といわれるボーキサイトなどの開発が軌道に乗れば，約600万人分の所得が短期間で倍増することは十分にあり得る話である。輸出を通じて獲得できる外貨が拡大すれば現地通貨の価値が相対的に高くなる。そうすれ

ば当局が期待する通貨高での目標達成の後押しにもなる。しかし以上のシナリオは外国直接投資や国際環境にも左右されるため，実現は非常に難しいだろう。最後に，最大の矛盾をひとつ指摘する。ビジョン2030ではGDPだけではなくGNIも4倍増が目標となっている。上述の資源・エネルギー産業に関連した投資や輸出増は，ラオスのキャパシティーを考慮すれば外国企業が実施主体であること以外考えられない。その場合GNIへの寄与はそれぞれの事業の条件に依存してくる。仮にGDPが15年で4倍になっても，自国産業の育成が進展していない場合，GNIも4倍になるのはほぼ考えられない。

むすび

ラオス人民革命党は第10回大会で，ビジョン2030，10カ年開発戦略，そして第8次5カ年計画を提示した。ビジョン2030とは，2016〜2030年の15年で1人当たりGDPとGNIの両方を4倍増にし，上位中所得国入りを果たすとの非常に野心的な目標であり，10カ年開発戦略と第8次5カ年計画はビジョン達成のための短中期計画と位置づけられている。そして本章ではこれらのビジョンや計画内容を概観するとともに，所得4倍増計画の実現可能性について検証した。

第8次5カ年計画では，GDPの目標成長率が8％未満に引き下げられたものの，これまでと同様に高い経済成長率が目標として掲げられている。またMDGsやSDGsに合わせ，社会分野，環境分野の数値目標も明示された。経済成長などの数値目標が地域別に設定されているように，格差是正が重視されていることも鮮明になった。この背景にはこれまでの5カ年で経済格差や地域格差が拡大したことがある。10カ年開発戦略では2030年までの目標達成のための道筋が示されている。

しかし2000年代初めとちがい，ラオスの1人当たりGDPは2015年にはすでに約2000ドルに達した。この段階から1人当たりGDP8000ドルに到達するには，資金，技術，そして労働力まで外国直接投資に依存し，自国産業の育成が進展していないラオスにとっては非常に高い目標といわざるを得ない。もちろん，資源・エネルギー，観光，貿易などの急速な成長や自国通貨の大きな切

93

り上がりなど，いくつかの難しい条件が重なれば実現できる可能性はゼロではない。

ラオスは 1990 年代にタイや西側諸国からの投資，またこれらの国との貿易により成長軌道に乗った。2000 年代になると，急成長した中国やベトナムからの投資が資源・エネルギー分野を中心に流入し，また両国との貿易が成長を後押しした。ビジョン 2030 の達成もこれまでと同様に周辺諸国や世界の経済大国次第であり，公共投資のように目標達成のためにラオス政府自身ができることは非常に限られている。

【注】

(1) 2016 年 5 月 13 日の首相令第 100 号によって党の経済開発戦略研究所と合併し，National Institute for Economic Research に改組した。

(2) 4 つの突破は，第 9 回党大会で提唱された目標を達成するためのスローガンで，思考面の突破，人材開発面の突破，行政・管理面の突破，人民の貧困問題を解決することにおける突破を指す（山田 2012）。

(3) 国民所得倍増計画について　昭和 35 年 12 月 27 日　閣議決定（https://rnavi.ndl.go.jp/politics/entry/bib01354.php）。

(4) http://english.gov.cn/policies/latest_releases/2016/10/21/content_281475471760445.htm

(5) ラオス情報・文化・観光省（http://www.tourismlaos.org/）

(6) カンボジアの観光省（http://www.tourismcambodia.org/）

〔参考文献〕

＜日本語文献＞

ケオラ・スックニラン　2012.「第 7 次経済・社会開発 5 カ年計画（2011～2015 年）——資源・エネルギー部門に大きく依存した経済開発——」山田紀彦編『ラオス人民革命党第 9 回党大会と今後の発展戦略』アジア経済研究所　47-68.

山田紀彦 2012.「第九回党大会後のラオス—「四つの突破」という新たなスローガン」『アジ研ワールド・トレンド』(200)　26-29.

———2014.「ラオス国会の変遷」山田紀彦編『一党支配体制下の議会——中国，ベトナム，ラオス，カンボジアの事例から——』アジア経済研究所.

＜ラオス語文献＞

Kaswang phaenkaan lae kaan long thuen［計画・投資省］　2016a. *Phaenphattana seethakit-*

第 4 章 「ビジョン 2030」

sangkhom haeng saat 5 pii khang thii 8（2016-2020）［第 8 次経済・社会開発計画（2016
－2020 年)］Vientiane, Kaswang phaenkaan lae kaan long thuen.
Kaswang phaenkaan lae kaan long thuen［計画・投資省］ 2016b. *Wisaithat hoot pii 2030
lae nyutthasaat kaan phatthanaa seethakit sangkhom lainya 10 pii (2016-2025)*［ビジ
ョン 2030 と経済・社会開発 10 カ年（2016 － 2025 年） 戦略］Vientiane, Kaswang
phaenkaan lae kaan long thuen.

＜英語文献＞
Asian Development Bank 2015. *Key Indicators for Asia and the Pacific 2015.* Manila: Asian
Development Bank.
Asian Development Bank Institute 2014. *ASEAN 2030: Toward a Borderless Economic
Community.* Tokyo: Asian Development Bank Institute.
Bank of Lao PDR 2010. *Annual Economic Report 2009.* Vientiane Capital: Bank of Lao PDR.
─────2015a. *Annual Economic Report 2014.* Vientiane Capital: Bank of Lao PDR.
─────2015b. *Quarterly Report Q3/2015.* Vientiane Capital: Bank of Lao PDR.
IMF 2008. Lao *People's Democratic Republic: Second Poverty Reduction Strategy Paper.*（IMF
Country Report No. 08/341）Washington, D.C.: IMF
─────2015. *Lao People's Democratic Republic.*（IMF Country Report No. 15/45）Washington,
D.C.: IMF.
Ministry of Planning and Investment 2015. "Background Document of 12th High Level
Round Table Meeting in Vientiane, Lao PDR 27th November 2015." Vientiane
Capital: Ministry of Planning and Investment.
Nishimura, Hidetoshi et al. 2016 "Lao PDR at the Crossroads: Industrial Development
Strategies 2016-2030." ERIA Research Project Report 2015-2. Jakarta: ERIA.
Prime Minister Department, Performance Management and Delivery Unit 2010. "Economic
Transformation Programme: A Roadmap for Malaysia. Kuala Lumpur." Kuala
Lumpur: Prime Minister Department. （http://www2.moh.gov.my/images/gallery/
ETP/Ringkasan%20Eksekutif%20ETP.pdf）
Sachs, Jeffrey D. 2015. *The Age of Sustainable Development.* New York: Columbia University
Press.

＜新聞＞
Pasaason.

＜ウェブ・サイト＞
ラオス情報・文化・観光省観光マーケティング局（http://www.tourismlaos.org/）

カンボジア王国観光省（http://www.tourismcambodia.org/）

World Development Indicators（http://data.worldbank.org/data-catalog/world-development-indicators）.

第5章

社会開発戦略と今後の課題

――「負の側面」の克服と「カイソーン・ポムヴィハーン思想」――

矢 野 順 子

はじめに

　第9回党大会後,「2020年までの後発開発途上国脱却」という1996年の第
6回党大会以来の国家目標の達成に向けてラオス人民革命党(以下,党)は経
済開発に邁進してきた。その結果,貧困世帯率は低下し,2006年以降,継続
して年率8%前後の経済成長率を達成するなど,堅調な経済発展を遂げてきて
いる。しかし一方で,汚職,環境破壊,土地紛争,都市と農村の格差拡大など,
経済発展の「負の側面」がさまざまなかたちで顕在化している。このような状
況のなか,スマートフォンの普及によりFacebookなどのソーシャルネットワ
ーキングサービス(SNS)を通じて政府批判を展開するものも現れ,2014年9
月にはインターネットの利用を規制する政令が出された。第10回党大会では,
前回大会に引き続き,「経済分野ならびに文化・社会分野の開発と持続的な自
然環境の保護の3点の調和」が強調されたことに加え,「党の影響力に対する
挑戦的問題」として,党員・職員の政治資質,革命の道徳の後退や汚職の蔓延
が指摘された(Phak Pasaason Pativat Lao 2016, 28-29)。ここからは,経済開発
の成功に自信を示しつつも,「負の側面」を放置すれば信頼を失い,一党独裁
体制の維持が脅かされかねないとの党の強い懸念がうかがえる。
　第10回党大会関連文書では,「一枚岩的団結の強化」「革命の道徳」「政治思
想教育」「マルクス・レーニン主義」といったおなじみの語句とともに,新た

に「カイソーン・ポムヴィハーン思想」が模範とすべき思想として登場している。ベトナムにおいても，かつて1991年の第7回党大会において，従来のマルクス・レーニン主義とともに「ホー・チ・ミン思想」が党の思想的基盤，行動指針に加えられた（寺本2012, 5）。これは，マルクス・レーニン主義を信奉してきたソ連と東欧の社会主義体制の崩壊に直面するなか，ベトナム独自の思想的，精神的柱となるものを，ベトナム共産党が求めた結果であるとされる（古田1996, 3-6；寺本2012, 5）。2015年，ラオス人民民主共和国は建国40周年を迎え，2016年にはチュムマリー・サイニャソーン国家主席が任期を終えて政界を引退するなど党幹部の世代交代が加速している。国民のあいだでも革命を経験した世代は減少の一途をたどっており，ラオス社会は現在，ひとつの転換期を迎えているといえる。党が「建国の父」であるカイソーンをこれまで以上に強調し始めたのは，「革命の記憶」を共有しない若い世代に対して，カイソーンへの尊敬の念を醸成することでラオス人民革命党による支配の正当性を認識させ，安定的に国民統合を図っていくための戦略といえるだろう。2006年から2015年までの国家教育制度改革戦略で導入された新カリキュラムにより2010/11学年度より順次出版された「公民教育」の教科書において，中学1年から7年の全学年にカイソーンに関する内容が含まれていること[1]は，このことを裏づけるものといえよう。

　以上をふまえ，本章ではラオス人民革命党が経済政策を中心に据えるなか，「負の側面」にどのように対応していこうとしているのか，教育政策に焦点を当ててみていくことにする。第1節では，第10回党大会政治報告にみられる社会政策分野の内容を概観し，党が何を「負の側面」とみなしているのかを浮き彫りにする。第2節では過去5年間の教育政策を振り返る。第3節では党が思想の基盤に新たに加えようとしている「カイソーン・ポムヴィハーン思想」とはいかなるものなのか，教科書の内容から明らかにし，今後の展望を述べてむすびとする。

第5章　社会開発戦略と今後の課題

第1節　第10回党大会と社会政策分野

1．政治報告にみられる過去5年間の成果

　社会政策分野における過去5年間の成果としては，文化・社会分野が量的・質的に拡大したこと，とりわけミレニアム開発目標の多くが達成され，明確な変化がみられたことが述べられている。各部門の成果に関しては，以下のとおりである。

（1）教育・スポーツ部門
・文化・社会開発の指導に注力し，人材開発を中心かつ優先事項とした。
・教育制度改革を推進し，質の転換，否定的現象の解決，教育に対して誤った価値観の転換を行った。
・全国で人民の初等教育レベル補習教育を達成，多くの県で前期中等教育レベル補習教育を突破した。
・全階層の人民，さまざまな部門が，社会全体の義務である教育，およびスポーツ事業に対する理解を深め，それらの事業の発展を支援するよう鼓吹した。
（2）公衆衛生部門
・中央，地方の病院の水準の向上，農村地域，遠隔地開発重点地域への公衆衛生サービスやネットワークの基盤を拡大した。
・保健衛生教育と母子保健の宣伝事業の推進，公衆衛生模範村の建設と予防接種運動により伝染病をコントロール，母子死亡率の低下，平均寿命の上昇につながった。
（3）各少数民族
・物質領域における文明の建設を重視し，各民族の文明が保護，振興され漸進的な進歩を遂げてきた。われわれの人民の文化的生活は上昇してきている。
（4）マスコミュニケーションと観光部門

99

・各種マスコミュニケーション媒体は拡大し，改善され，質的・量的に発展
した。
・観光事業も改善し，発展した。環境保全型，人民参加型観光が改善し，拡
大した。外国人観光客数，観光収入は継続的に増加している。
（5）社会保障
・国家と革命に貢献したものに対する報恩感謝政策を改善した。
・社会保障制度の拡大，雇用の創出，労働者の利益保護，さまざまな社会支
援に配慮した。

(Phak Pasaason Pativat Lao 2016, 13-14)

　教育・スポーツ部門での初等教育レベル補習教育の達成とは，内戦時代以来，
党が推進してきた識字運動に端を発するものである。1975 年の建国当時，党
は深刻な人材不足に直面していた。1976 年 1 月 14 日にはカイソーン首相（当
時）が，「成人教育の改善と拡大に関する首相令第 8 号」を出し，15 歳から
45 歳を対象に非識字撲滅と文化補習教育のための取組みが全国で実施された
(*Vientiane Mai,* September 1, 2015)。その結果，1984 年にスパーヌヴォン国家主
席（当時）が，全国での非識字撲滅を公式に宣言するに至ったが，その後，識
字教育を修了したものが再び非識字者に戻るという事例が続出したのであろう。
1992 年に「非識字回帰の問題を解決することに関する首相令」が出され，そ
れに従って党委員会，県，郡，村の行政権力，全国の教育部門が初等教育レベ
ル補習教育を推進し，2015 年 8 月 28 日に全国で初等教育レベル補習教育の達
成が宣言されたのであった[2] (*Vientiane Mai,* September 1, 2015)。これは建国
当初からの取り組みが達成されたということで，ひとつの画期的事件であった
といえる。その他の部門に関しては，前回大会と比べて顕著な変化はみられな
いが，観光部門への言及が増加している。観光部門は，「持続的方針に沿った
国家経済建設」においても「文化観光，自然観光，歴史観光の推進により，観
光産業が整った，国家経済の有力な基盤となるよう開発する」という文言がみ
られる（Phak Pasaason Pativat Lao 2016, 43）。観光開発は地方経済の活性化な
ど都市と地方の格差縮小への効果も期待されているといえ，今後いっそう推進
されていくものと考えられる。

第5章　社会開発戦略と今後の課題

2．政治報告にみられる課題

　残された課題としては，人材資源開発が経済・社会開発と調和していないこと，国民の美しき文化が社会の誤った価値観に流され，衰退してしまっていること，一部の伝統的慣習が開発の足かせとなっていること，社会における否定的現象，たとえば浪費社会，雑種的な文化や生活様式，麻薬，その他の社会災害について，解決に向けた努力がなされているものの，十分には改善されていないことなどが挙げられている（Phak Pasaason Pativat Lao 2016, 27）。そしてこれらの課題が残された要因として，人材資源開発計画の決定，管理が明確ではなく，経済・社会開発の需要と合致していないこと，ラオスの労働力に劣っている点である，技能・屈強さ・規律の訓練において適切な手段がとられていないこと，経済・社会開発と自然環境保護の調和がなされていないことなどとともに，「事実を歪曲した宣伝を行い，われわれの新体制に汚名を着せ破壊しようとつねに企てている悪玉分子や悪党勢力の影響」として，反政府勢力の存在を指摘している（Phak Pasaason Pativat Lao 2016, 29-30）。このほか，社会開発分野以外で人材育成にかかわるものとして，人民の模範となるべき党員や職員の政治資質，革命の道徳や奉仕の精神の退行が課題として挙げられている（Phak Pasaason Pativat Lao 2016, 28-29）。

　このようにミレニアム開発目標をはじめ，前回の党大会で掲げられた開発目標の多くが達成されたとの評価がなされる一方，人材資源開発と経済・社会開発の不調和，否定的現象，麻薬などの社会災害，党員・職員の道徳の退行などが課題としてとりあげられており，党がこれらを経済発展の「負の側面」として認識していることがわかる。反政府勢力に関しては「国内の現状と課題」の項目でも，「悪玉分子や悪党勢力は，われわれの国家に対する和平演変という謀略を捨ててはおらず，それは日ごと，より強力で周到なものとなっている。近代的な情報通信技術という条件のもとで，悪玉分子はそれを新体制の破壊の道具として，混乱を発生させるために利用している。」（Phak Pasaason Pativat Lao 2016, 36）と指摘しており，インターネットやSNSを介しての反政府活動への警戒を示している。「悪玉分子」がどのような勢力を意味するのか具体的に言及されてはいないが，そのなかには国外で反政府運動を展開する「在外ラオ

101

ス人」も含まれていると考えられる。

　「在外ラオス人」に対して，党は長年「反革命分子」として帰国を厳しく制限していた。しかし，現在は帰国して国家建設に参加するよう積極的に呼びかけており，2011年1月以降，ビザ発給の手数料を免除したほか，彼らに土地の利用権を認めるための法整備も検討されている[3]。2015年12月2日の建国40周年式典には，フランス，アメリカ，オーストラリア，カナダ，ベルギー，オランダ，ルクセンブルク，オーストリア，ハンガリー，スロヴァキア，スイス，日本，ニュージーランドから在外ラオス人の代表団が参加し，式典のほか，国会議事堂でパニー国会議長やトンルン副首相兼外相（当時）と面会した（*Pasaason,* December 8, 2015)[4]。今大会の政治報告においても「ラオス諸民族人民の団結の強化」の項目で，党はつねに外国にいて愛国心を維持し，体力，知恵，知識，能力，資金をもって国家建設に参加するため自発的に帰国しようとする在外ラオス人に対し，条件を整えるために一貫した政策をとってきたとしており（Phak Pasaason Pativat Lao 2016, 53)，在外ラオス人を経済開発に利用する方針を明確に打ち出している。2016年9月にオバマ米大統領がラオスを訪問した際には，演説で「われわれの国家の関係は国民のあいだの友好と信頼に根ざしている」として，在米ラオス人の活動を紹介し，在米ラオス人が二国間の関係改善に貢献してきたとの見解を示した[5]。今回のオバマ大統領の訪問時にラオスとアメリカは包括的パートナーシップ締結に合意しており[6]，ラオスの政治経済への在外ラオス人の影響はいっそう強まっていくことが予想される。一方，オバマ大統領訪問に際して，人権問題の改善と民主化を求める書簡を大統領に送付した在外ラオス人団体も存在し[7]，今後，在外ラオス人に対して，党は「負の側面」への対策と国家建設への貢献を要求という両極のあいだで難しい対応を迫られていくことになるだろう。

3．「カイソーン・ポムヴィハーン思想」

　政治報告では，各分野の成果と課題を述べた後，「過去からの教訓」として7つの項目が示される。そのうち（1），（2）は要約すると以下のようなものであった。

第 5 章　社会開発戦略と今後の課題

（1）全方面の刷新路線の堅持。マルクス・レーニン主義および，カイソー
　　ン・ポムヴィハーン思想の活用と拡大，人類にとって至上のものを受容す
　　るとともに美しき国民の遺産を継承し，拡大する。
（2）経済開発を中心に据え，それに社会開発，われわれの国民の美しき文
　　化の保護，持続的な自然保護をしっかりと密着させる。経済開発と国防・
　　公安の調和的結合，人民の貧困削減と密着した経済成長の推進，諸民族人
　　民の物質領域における生活水準と文化の持続的な向上。

(Phak Pasaason Pativat Lao 2016, 30-31)

「人類にとって至上のものの受容」と同時に，「美しき国民の遺産」の継承
と拡大を訴えていることは，先にみた「負の側面」のひとつである「雑種的
な文化や生活様式」への対応とみることができる。第 8 次経済・社会開発 5 カ
年計画の第 2 の目標「人材資源開発を開発の決定的要素とする。公務員および
労働者の能力の向上，諸民族人民の貧困の全面的解決，全民族，老若男女が質
のある教育と公衆衛生サービスを享受する。国民の美しい文化的アイデンティ
ティの保護と開発の振興，政治的安定をしっかりと保証し，社会は平静で秩
序があり，公正で透明性をもつ」(Kasuang Phaenkaan lae Kaan Longthuen 2016,
81) を達成するために掲げられた項目の 6 つ目「国民の美しき伝統慣習の発展
と保護」においても，「選択的に人類の進歩的な価値ある文化を受容する。社
会にとって災厄となる文化面での否定的物事を防ぐ」といった文言がみられ
る (Kasuang Phaenkaan lae Kaan Longthuen 2016, 124)。これは科学技術など国
家の発展に不可欠とされるものの受容を促す一方，党にとって「災厄」である
「外部の文化」への警戒を呼びかけるものといえる。その他，経済開発を中心
に社会開発・自然環境保護との調和を図るという内容は，前回の党大会でも言
及されてきたものであるが，先述のとおりマルクス・レーニン主義と並び，「カ
イソーン・ポムヴィハーン思想」の活用と継承が加えられたことは今大会での
新たな動きといえる。しかし，過去 5 年間の教育政策を振り返ると，こうした
変化は今大会で突然起こったものではないことがわかる。次節では，2011 年
の第 9 回党大会以降の教育政策についてみていくことにする。

103

第 2 節　教育政策

1．過去 5 年間の成果と課題

　第 9 回党大会が開かれた 2011 年から 2015 年の 5 年間は，「2006 年から 2015 年までの国家教育制度改革戦略」の 2 期目に当たる。第 1 期（2006〜2010 年）は，全学年，全コースでのカリキュラム改革[8]，教育期間の 11 年制から 12 年制への延長による，普通教育改革に力点がおかれた。普通教育の 12 年制導入は，知識量の増加，地域および国際的なカリキュラムとの調和を意図したものであった（*Pasaason,* January 21, 2016)。第 9 回党大会の決議では，教育が 3 つの特徴，5 つの原則に沿い[9]，質を備え，国家の社会経済開発の需要に合致し，地域統合・国際統合が可能となるよう，国家教育制度改革の第 2 期に継続して取り組むよう指示が出された（*Pasaason,* January 21, 2016)。この間，2014 年には職業訓練教育法，2015 年には改正教育法が公布され，改正教育法では，従来は初等教育の 5 年間であった義務教育を前期中等教育修了までの 9 年間とすること[10]や国際カリキュラム，バイリンガル・カリキュラムについて言及されるなど，地域統合・国際統合を意識した条項が追加されている（Saphaa haeng Saat 2015)。

　2011 年からの過去 5 年間の成果に関して，2016 年 1 月 21 日付けの『パサソン』紙（*Pasaason,* January 21, 2016）に掲載された教育・スポーツ省党執行委員会副書記のセンドゥアン・ラーチャンタブーンによる党大会における報告と教育科学研究所発行の雑誌『新しい教育』の第 39 号（2015 年 11 月？）[11]に掲載された，2015/16 学年度の始業式の際に表明されたパンカム・ウィパーワン教育・スポーツ大臣（当時）の意見を基にまとめると以下のようになる。

（1）万人のための教育行動計画[12]・ミレニアム開発目標
・おおむね目標を達成するか，目標を上回る成果を収めた（3〜5 歳児の
　就学率 43.2%，初等教育の純就学率 98.6%，前期中等教育の就学率 78.1%[13]）。
　(Phankham 2015, 3-4; Kasuang Sueksaathikaan lae Kilaa 2015, 5)

第 5 章　社会開発戦略と今後の課題

・教育分野における 6～10 歳の男女平等指数が 0.96 となった。(Phankham 2015, 4)

・ノンフォーマル教育事業において，全国で初等教育レベルの補習教育の修了が宣言されたほか，57 の郡とふたつの県，首都ヴィエンチャンにおいて，前期中等教育レベルの補習教育の修了が宣言された[14] (Phankham 2015, 4)（*Pasaason,* January 21, 2016）。

（2）職業訓練教育・大学

・職業訓練教育部門の学生数が 2012/13 学年度の 2 万 886 人から 2013/14 学年度には 2 万 3248 人に増加した（Kasuang Sueksaathikaan lae Kilaa 2015, 23）[15]。2014/15 学年度，大学生数は 3 万 6721 人となった（*Pasaason,* January 21, 2016）。

・過去 5 年間に，技術者，専門家，経営者，各種従業員など計 14 万 6486 人の人材資源を育成した。そのうち，国内の教育機関を修了したものは，14 万 1857 人，国外の教育機関を修了したものは 4629 人であった（*Pasaason,* January 21, 2016）。

（3）その他

・学生の受入方法を変革し，女性，少数民族，機会に恵まれないもの，道徳を備えているもの，成績が優秀なものが高度な教育を受けられるよう振興することで，質を確保するため，学習・教育の運営システムをより厳密なものへと改善した（*Pasaason,* January 21, 2016）。

ミレニアム開発目標がおおむね達成されたことに加え，課題となっていた職業訓練教育校への進学者数が少しずつ増加してきていることがわかる。一方，残された課題としては，教育・スポーツのネットワークが農村や遠隔地に十分に行き渡っていないこと，教育・スポーツの質の改善がなされてきたものの，まだ質の高いものとはなり得ていないことが挙げられた（Phankham 2015, 4）。さらに，2015 年の時点でいくつかの都市において，ミレニアム開発目標の達成に程遠い状況にあるなど目標の達成には地域差が存在すること，小学校 1 年から 5 年の残存率が 78.3% と目標の 95% を 16.7 ポイント下回っていることが指摘されている（Phankham 2015, 4）。パンカム教育・スポーツ大臣は，中退率の高さは最も深刻な問題であり，解決に向けて優先的に真摯に取り組んで

105

かなければならない課題であるとした（Phankham 2015, 4）。さらに，いくつか
の地方で教育機関の管理と利用が正しく行われていないことも課題として言及
されている（Phankham 2015, 4）。このほか，党大会の政治報告では職業訓練教
育に関して，技能・屈強さ・規律の訓練において適切な手段がとられていない
との記述もあり（Phak Pasaason Pativat Lao 2016, 30），普通教育・職業訓練教
育の両方において質の改善が引き続き課題となっているといえる。

2．普通教育カリキュラム改革

　ラオス人民民主共和国では，これまで1976年，1994年の2度普通教育のカ
リキュラム改革が実施されてきた。社会主義国家建設を進めていた1976年の
カリキュラムでは「社会主義的な新しい人間」の育成をめざした社会主義教育
カリキュラムが採用された。一方，市場経済化に舵を切り，1991年に憲法が
公布された後に導入された1994年のカリキュラムでは，教育の目的が「善良
な公民」の育成となり，国民国家建設に重点をおいた内容へと変化した（矢野
2011）。このように，過去のカリキュラム改革は，政治・経済面での変化に連
動するかたちで実施されてきた。建国後3度目となる2010年のカリキュラム
改革においても，11年制から12年制へ普通教育制度を延長したことへの対応
とともに，グローバル化や国際統合といった国際的な傾向が，カリキュラム改
革へ至った理由として挙げられている（Onkaeo 2014, 3）。しかし，改訂された
内容をみてみると国際統合だけではなく，経済発展と世代交代という急速な変
化を経験するなか，さまざまな「負の側面」への対応と党支配の安定が背景要
因として浮かび上がってくる。教育科学研究所所長のオーンケオ・ヌワンナウォ
ォン（Onkaeo Nouvannavong）によると，新カリキュラムにおいて変更された
点は以下のとおりである。

（1）カリキュラムの様式
　科目群の内容に重点をおいたカリキュラムから，学習能力に重点をおいた
（あるいは混合様式の）カリキュラムとし，学習者中心とした。
（2）カリキュラムの目的
　生徒を精神，肉体，知識の全方面的に発達させるため，科学技術が目まぐ

るしく拡大し，社会における競争が激化する時代において，生徒が進学し，生活し，職につくうえで必要な知識，能力，技術を備え，革命の道徳を身につけ，善良な公民となるようにする。

（3）カリキュラムの構造

　初等教育で，道徳科目，外国語科目（英語）を追加。前後期中等教育で第2外国語，職業基礎，情報テクノロジー，コミュニケーションなどの科目を追加。とくに，後期中等教育では職業基礎，芸術教育，第2外国語で選択科目を設けた。カリキュラム外活動を改善し，中学4年から7年で職業紹介活動を増設した。国防，公安教育を後期中等教育のカリキュラムに加えた。

（4）学習時間

　一週間および学期ごとの学習時間を週5日授業に合致したものとした。

（5）カリキュラムの内容

　さまざまな科目の内容を改善した。第1に，内容を見直し，改訂・編纂し，新たに構成し直し，体系的で完全かつ近代的で基準に見合ったものとした。時代遅れで，不適切な部分を削除し，適切な箇所は残した。必要に応じて新しい知識を追加した。ASEAN，子どもの権利，人権，環境保護，人口学，汚職撲滅などの内容をカリキュラムに加えた。

（6）教授法

　実践部門と日常生活への応用を重視し，教科書の様式を改訂した。生徒の心をひきつけるよう挿絵を増やした。

（Onkaeo 2014, 3-4）

　初等教育での英語科目や前後期中等教育での第2外国語科目，情報テクノロジーやコミュニケーション科目の新設やASEAN，子どもの権利，人権などの内容の追加，競争社会への対応は，地域統合・国際統合の推進を意図したものといえる。一方，初等教育での道徳教育の復活や汚職撲滅，環境保護にかかわる内容をカリキュラムに含めたことは，第10回党大会の政治報告においても指摘されてきた「負の側面」への対策とみることができる。そして新カリキュラムに基づいて，2008/09学年度より順次，全学年・全科目で教科書の改訂が行われ，新しい教科書が出版された[16]。それらをみてみると，汚職撲滅や環境保護とともに道徳教育，とりわけカイソーンの「革命の道徳」が「負の側

面」への対策として，重視されていることがわかる。次節では，新しい教科書
のうち中学1年から7年の「公民教育」の教科書におけるカイソーンについて
の記述に注目し，第10回党大会で新たに言及された「カイソーン・ポムヴィ
ハーン思想」とはいかなるものなのか，みていくことにしたい。

第3節 「公民教育」とカイソーン・ポムヴィハーン

1.「公民教育」と道徳教育

「公民教育」とは1994年のカリキュラム改革により，前期中等教育1～2年
で教えられていた「クンソムバット」と呼ばれる道徳科目[17]と前期中等教育
3年および後期中等教育で教えられていた「政治」科目が廃止されたのにとも
ない，その後継科目として前後期中等教育に設置された科目である。今回が
はじめての教科書改訂となり，新しい公民教育の教科書の使用は，2010/11学
年度より順次開始された。旧カリキュラムにおいて，前期中等教育（中学1～
3年）の「公民教育」は「歴史」「地理」とともに『社会科学』という一冊の
教科書にまとめられていた。今回の新カリキュラムでは，「公民教育」「歴史」
「地理」に関して，全学年で個別の教科書が作成されることとなった。前回党
大会が開かれた2011年3月の時点で新教科書が使われていたのは中学1年の
みで，残りの中学2年から7年までは前回大会後，2011/12学年度に中学2年，
2012/13学年度に中学3年，2013/14学年度に中学4年，2014/15学年度に中
学5年，2015/16学年度に中学6年の使用が開始されており，2016/17学年度
には最終学年である中学7年で新教科書が導入される予定である[18]（Onkaeo
2014, 5)。

新教科書は全学年2部構成で，それぞれの部はいくつかの課で構成されて
いる。中学1～4年はすべて第1部「道徳（クンソムバット）と文化」，第2部
「法律」，中学5年は第1部「唯物主義的世界観と学問的方法の結合」，第2部
「道徳」，中学6年は第1部「経済の基礎知識」，第2部「政治，文化・社会の基
礎知識」，暫定版の中学7年は，第1部「ラオス人民民主共和国の国家開発」
「ラオス人民民主共和国の法律についての基礎知識」となっている（SWS 2010,

第 5 章　社会開発戦略と今後の課題

表 5-1　中学 1 年教科書

部	章	タイトル
I 道徳と 文化	1	勤勉と忍耐
	2	節約
	3	自己管理
	4	礼儀正しさ
	5	規律を守る
	6	感謝
	7	人間関係を築く
	8	自然と共存する
	9	礼儀作法を身につける
	10	集団と社会の仕事に参加する
	11	勉強の目的
II 法律	12	子どもの権利条約
	13	交通規則の実践と安全
	14	勉強することの権利と義務
	15	法律上の守られる権利
	16	住居に侵入されない権利
	17	秘密を保護される権利
	18	ラオス公民の基本的権利と義務

（出所）　SWS（2010）より筆者作成。

2011a, 2011b, 2012, 2013, 2015a, 2015b）。中学 6 年と 7 年では「道徳」の語を付した部は存在しないものの，6 年では第 16 課「政治資質と革命の道徳」が含まれている。このことから，新しい教科書では 1994 年のカリキュラムで姿を消した政治思想教育的色彩の強い「道徳」科目が事実上，復活したといってもよい内容となっている。たとえば，中学 1 年の教科書の目次をみてみると，第 1 部「道徳と文化」では，勤勉と忍耐，節約，礼儀正しさなど党にとって理想とする国民が身につけるべき要素が列挙されているのがわかる（表 5-1）。第 1 節の 2.でみたように現在，党員・職員の政治資質，革命の道徳や奉仕の精神の退行が深刻な問題としてとらえられている。公民教育教科書における道徳教育的内容の増加は，将来の党員候補である若い世代に対して道徳教育を強化することで，そうした現状を打開しようという，党の意図を反映したものと考えられ

109

表 5-2 「公民教育」のカイソーンが登場する課

学年	課	タイトル
1	7	人間関係を築く
2	11	自分を信じる
3	2	清廉潔白さ
4	11	工業化・近代化に対するラオス青年の義務
5	9	人間は歴史の建設者であり，社会開発の目標である
	10	道徳についての思想
6	16	政治資質と革命道徳
7	20	ラオス公民の国家に対する責任

（出所） SWS（2010; 2011a; 2011b; 2012; 2013; 2015a; 2015b）より筆者作成。
（注） 中学1〜3年ではそれぞれ「カイソーン・ポムヴィハーンと人民」「カイソーン・ポムヴィハーン国家主席が仕事をするとき」,「カイソーン・ポムヴィハーン国家主席の清廉潔白さ」が読解として挿入されている。4年の第11課と5年の第9課ではカイソーンの著作からの引用がなされ，6年はカイソーンの経歴と革命の道徳についての内容となっている。7年では「指導者の理想と模範を学ぶ」としてカイソーンの著作を引用している。5年の第10課では，学ぶべき道徳として，カイソーンの道徳が挙げられているが，読解としてはスパーヌヴォンに関するものが挿入されている（SWS 2010; 2011a; 2011b; 2012; 2013; 2015a; 2015b）。

る。

　新教科書を1994年版カリキュラムによる旧教科書と比較してみると，ASEANや人権，汚職撲滅に関する内容が加えられていることとともに，カイソーン個人を題材とした課が各学年にみられ，この点が新しい教科書の最大の特徴といえる。全学年の教科書に，カイソーンの写真が掲載され，中学1年と7年（暫定版）以外のすべての学年で表紙にカイソーンの写真が用いられている[19]。各学年の教科書でカイソーンの登場する課のタイトルは表5-2のとおりである。

　このうち中学1〜5年の教科書では，該当する課は中学5年の第9課以外すべて「道徳」に関する部に含まれている。どの課においても清廉潔白さ，勤勉さなどカイソーン個人の資質に焦点を当て，生徒たちの模範としてのカイソーン像が描かれている。たとえば中学1年の教科書では，「ラオスの少年少女や人民はみな，カイソーン・ポムヴィハーンの生活様式を学び，それに従って行動すべきである」とし，具体例として個人より集団の利益を尊重すること，質

素な生活，高潔な人柄，浪費をしない，人民と国家への愛，国家・人民のための自己の任務を遂行するうえでの勤勉さなどを挙げている（SWS 2010, 31-32）。中学2年，3年の教科書も1年の教科書と大筋において同様の内容である。中学4年の教科書では，工業化・近代化に対する若者の責任について『新時代の美しき道を前進中のラオス国家』（1975年）というカイソーンの著作を引用して論じている（SWS 2013, 58-60）[20]。また，中学5年の第9課では「社会主義国家と人間の全面的発達」という項目で，党・国家の方針と政策はすべて「人民が富み幸福で，国家が富強で，社会が融和で団結し，民主的かつ公正で文明的であるという目的に従って国家を建設するという目標により，人間を全面的に発達させるものである」とする，カイソーンの言葉を引用している（SWS 2015a, 76-78）。「人民が富み〜文明的である」の文言は，第10回党大会政治報告の5カ年の成果の4つめ，「3建」に関する成果の部分でほぼ同様の文言がみられる[21]。さらに中学5年の第10課で道徳について「現在のわれわれの国家における新しい道徳とは，進歩した，工業化と近代化の要求に合致したものである。われわれの新しい道徳とは，世界の人類の進歩と繁栄，発展を付加して，国民の遺産である道徳を継承することであり，とくにわれわれが愛し，尊敬する，国家に貢献した指導者であるカイソーン国家主席とスパーヌヴォン殿下の美しき道徳を学ぶことである」とし，カイソーンとスパーヌヴォンを道徳の基盤においている（SWS 2015a, 82）[22]。

　このように，各教科書では道徳に関する課が多くを占めるなか[23]，国民の思想的基盤・行動指針としてカイソーンの思想や行動様式が紹介されていた[24]。そのなかでも，とくに中学6年の教科書では，党大会文書でもスローガンのように繰り返されている「革命の道徳」とカイソーンの関係について述べられている。以下，その内容についてみていくことにする。

2．革命の道徳とカイソーン

　2015年版の中学6年「公民教育」教科書は，現在出版されている「公民教育」の教科書のなかで最も新しいもののひとつである[25]。第16課「政治資質と革命の道徳」では，「革命の道徳」（クンソムバット・シンタム・パティワット）[26] について「重要な政治資質のひとつで，心情であり，党員・職員の社会

と家族における個人の仕事および生活の様式である」(SWS 2015b, 117) と定義し，（1）国家，人民のために犠牲となる精神，（2）勤勉，努力，節約，誠実，清廉，（3）規律と法の尊重，（4）団結，慈しみ深さ，（5）愛国主義，（6）礼儀正しさ，有言実行，（7）勉強と自己開発からなるとする。課ではそれぞれについて説明した後（SWS 2015b, 117-120），「カイソーン・ポムヴィハーンは全国の諸民族ラオス人民にとっての輝かしい鏡であり素晴らしい模範である」として（SWS 2015b, 120），以下をカイソーンから学ぶべき革命の道徳の「素晴らしい模範」として紹介している。

（1）深い愛国心と国家のためのかぎりない自己献身。
（2）高い革命の理想と理想のための戦いにおいて断固たる精神をもつ。
（3）断固として団結と統一を守り，仲間，領導，理想をともにする同士を慈しみ，信頼し愛する。規律に厳格で，民主集中制の原則を堅持する。
（4）確実に，しっかりと，完全かつ勇敢に，一生懸命にすべての任務をやり遂げる。
（5）研究，学習を好み，知的で，高い独創性をもち，人類の知識から至高のものを受け入れ，われわれの国家の条件や特徴に適応させて利用し，利益を得ることを知る。
（6）質素な生活をし，倹約し，誠実で高い人徳を備え，贅沢を好まず，汚職に手を染めるような行為には決然と接する。

(SWS 2015b, 120-121)

さらに，ここでは「カイソーン国家主席が築き，われわれがそれらを継承し，拡大していくよう遺された素晴らしき遺産」として，以下のものを挙げている。

（1）国家が進む道と目標，すなわち平和，独立，民主主義，統一，繁栄。
（2）ラオス人民革命党，われわれはそれを建設し，強固なものへと改善し，新しい時代に適合するよう領導していく能力を備えていかなければならない。
（3）人民民主主義国家，われわれはそれを継承して建設し，改善し，真の人民の人民による人民のための国家となるようにしていかなければならな

い。

（4）人民の国防と公安勢力，われわれはその建設を増強し，より近代的な様式を備えるよう改善し，さらに党，国家，人民に対して愛情をもち，誠実であるようにしていかなければならない。

（5）国民内の全階級，諸民族人民の一枚岩的団結，われわれはそれによりいっそう配慮していなければならない。

（6）刷新事業を遂行していくなかで得られた教訓，われわれはそれを継承し，社会主義の目標へと達するように人民民主主義体制を建設し，拡大していかなければならない。

（7）真の愛国心と輝かしい国際精神，われわれは国際統合とわれわれの国家，地域のパートナー国家の利益を適切に調和させていかなければならない。

(SWS 2015b, 121-122)

　そしてそれゆえに，「拡大された成果を継承して維持し，今後さらに増大していくために，カイソーンが築き上げた道徳（クンソムバット）と革命の道徳（シンタム・パティワット），素晴らしき遺産を学ばなければならない」とむすんでいる（SWS 2015b, 122）。カイソーンから学ぶべき革命の道徳の「素晴らしい模範」として列挙された項目をみると，いずれも以前から繰り返し強調されてきたもので，とくに目新しい内容のものではないように思われる。しかし，「政治資質と革命の道徳」という課を設け，カイソーン個人の資質を生徒たちが学ぶべき「革命の道徳」の「模範」とすることは，これまでの教科書ではほとんどみられなかったことである。内戦期から建国当初にかけて，党指導者のなかで国民の模範として教科書に登場していたのはもっぱらスパーヌヴォンであった[27]。1994年カリキュラムによる旧公民教育教科書では唯一，中学4年第15課「カイソーン・ポムヴィハーン，ラオス国民の英雄」で，カイソーンの生涯と個人的資質に言及し，「ラオスの少年少女は皆，カイソーン・ポムヴィハーンの模範的道徳に従って学び，行動すべきである」としたものがみられるが（SWS 2008a, 64），その他は「カイソーン・ポムヴィハーンが指導者であるラオス人民革命党」（SWS 2008c, 15）とカイソーンの名が形容詞的に用いられているものがみられる程度であった。1991年に憲法が公布され，社会主義国

家建設から国民国家建設へと国家建設の重点が移行したと考えられる時期に作成された旧公民教育教科書では，カイソーンのみならず，スパーヌヴォンを含め党指導者の個人名やその思想が登場することは稀であった[28]。これに対し，新教科書では全学年の教科書において，カイソーンが写真入りで登場し，さらに，カイソーンより数は少ないが，スパーヌヴォンについても写真とともにその思想を紹介している課が存在する[29]。これは汚職など，党員の政治資質や革命の道徳が問題視されるなか，革命を知らない世代の若者たちに革命の指導者，とりわけカイソーンの国家建設への貢献，誠実な人柄を示すことで，党への信頼を回復しようとのねらいがあると考えられる。一方，「カイソーンが築き上げ，遺した遺産」とされる項目をみると，国家目標，ラオス人民革命党，人民民主主義国家，国防と公安勢力，一枚岩的団結……と続き，あたかも現在の国家体制をカイソーンひとりで築き上げたかのような印象を与えるものとなっている[30]。

　以上の内容は「建国の父」としてのカイソーンの姿を前面に押し出し，若い世代のあいだに国民の模範としてのカイソーン像を浸透させることで，「カイソーンによって建設された」現在の国家体制の正当化を図るものといえる。たとえば，中学3年第2課の読解「カイソーン・ポムヴィハーン国家主席の清廉潔白さ」においても，カイソーンは「浪費や汚職と断固として闘ってきた」「国家の未来，そして次の世代のために誠実に自己を犠牲にし，命を捧げてきたカイソーン国家主席は党員・職員，兵士，生徒，学生，少年少女，そして全国の諸民族ラオス人民にとって輝かしい鏡であり，素晴らしい模範である」（SWS 2012, 8-9）として，カイソーンは革命を知らない若い世代のためにも自己を犠牲にし，命を捧げてきたとしている。このように「公民教育」では，全学年の教科書をとおしてカイソーンの思想，行動指針を全世代の国民の模範として位置づけるものとなっている。したがって，第10回党大会での「カイソーン・ポムヴィハーン思想」の登場は，汚職など経済発展の「負の側面」の顕在化と世代交代によりラオス社会が不安定化しかねない状況のなか，「建国の父」としてのカイソーンを中心に，スパーヌヴォンら革命の指導者たちの姿に国民の模範像を求め，党支配の安定化を図るための党の戦略と考えることができるのである。

おわりに

　第10回党大会においては，前回大会から繰り返されてきた「経済分野ならびに文化・社会分野の開発と持続的な自然環境の保護の3点の調和」とともに，「党の影響力に対する挑戦的問題」が指摘された。これは，「2020年までの後発開発途上国脱却」という国家目標の実現に向けて着実に経済発展を遂げている一方で，汚職や格差拡大，党員の規律の退行といった「負の側面」が深刻化するという現状に対する党の懸念をあらわしたものといえる。政治家および国民のあいだで，革命を経験していない世代の割合が増加し，インターネット上で政治議論が展開されるなど，ラオス社会は現在ひとつの転換期を迎えている。そうしたなか，党がいかに一党独裁体制を維持していけるかが課題となっており，そこで新たな党の思想的基盤・行動指針として登場したのが「カイソーン・ポムヴィハーン思想」であったのである。

　第9回党大会以降，本格的に開始した2010年の新カリキュラムによる教育内容をみると，グローバル化や国際統合，地域統合への対応という側面とともに，汚職撲滅や環境保護など「負の側面」への対応を意図した内容が多く組み込まれていることがわかる。初等教育のように独立した科目とはならなかったものの，「公民教育」の教科書のなかで「道徳」の語を付した部が盛り込まれたことは，「負の側面」克服のため，将来の党員候補である若者たちに対する道徳教育を徹底することを重視したものといえよう。そしてそのなかで「建国の父」であり，国民が模範とすべき「革命の道徳の体現者」としてのカイソーン像が強調されたのは，若い世代にカイソーンへの尊敬と，カイソーンによって建設された現体制への信頼の念を醸成することで，体制の維持を図ろうとする党のねらいがあったと考えられる。今回の党大会において，「カイソーン・ポムヴィハーン思想」の具体的内容は明らかにされてはいない。しかし，「公民教育」でのカイソーンに関する内容の多さをみるかぎり，ベトナムの「ホー・チ・ミン思想」のように「カイソーン・ポムヴィハーン思想」がマルクス・レーニン主義と並ぶ党の思想的基盤・行動指針となっていく可能性は高いといえよう。また今回，カイソーンより回数は少ないものの，スパーヌヴォンが公民教育の教科書に登場している。先述のとおり，内戦時代と1976年の

カリキュラムによる道徳教科書においては，革命の指導者のなかで，スパーヌ
ヴォンが最も言及されていた人物であった。しかし，1994 年カリキュラムに
よる公民教育の教科書ではスパーヌヴォンは登場しなくなっていた。スパーヌ
ヴォンはルアンパバーンの王族の出身であり，指導者のなかでは「お飾り的人
物」ともいわれる。スパーヌヴォンが再び教科書に登場したのはなぜか。あく
までも推測の域を出ないが，王族であるスパーヌヴォンは旧体制派の人々，す
なわち，党が国家建設に利用しようと考えている「在外ラオス人」にとって，
ほかの革命の指導者たちに比して受け入れやすい人物ということが理由のひと
つとして考えられるかもしれない。いずれにせよ，今後も政治思想教育重視の
傾向は続いていくと推測されるなか，「カイソーン・ポムヴィハーン思想」が
どのようなかたちで具体化されていくのか，そのなかでカイソーン以外の指導
者の思想はどのように扱われていくのか，見守っていく必要があるだろう。

【注】

⑴ ラオスの教育制度では中等教育は前期中等教育（1〜4 年），後期中等教育（5〜7 年）
に分けられる。後期中等教育は日本の高等学校に当たる。

⑵ 建国当初の文化補習教育とは，文字を覚えたものに簡単な読解と計算を教授するもの
であった（矢野 2016, 122）。現在では 15 歳から 45 歳を対象に，普通教育の 80%の内容
が教えられている（2016 年 3 月 30 日，教育科学研究所にて，職員 A 氏へのインタビュー
による）。

⑶ 2014 年 1 月 7 日放送の*Radio Free Asia*の記事"Lao Nook Kapmuea Lao" [在外ラオ
ス人の帰国]（http://www.rfa.org/lao/daily/politics/analysis/rights-for-lao-overseas-in-
laos-01072014122707.html/ 2016.5.8 アクセス）および，2016 年 8 月 12 日，外務省在
外ラオス人関係局における職員 B 氏へのインタビューによる。

⑷ ラオス政府が各国のラオス大使館をとおして在外ラオス人への参加を呼びかけ，それ
に応じた人たちが自費で参加した。式典や国会の訪問のほか，国内ツアー（サイニャブ
リーかチャンパーサックを選択）などが企画されていた（2016 年 8 月 12 日，在外ラオ
ス人関係局での職員 B 氏へのインタビューによる）。彼らの訪ラオスの様子はラオ・ス
ターチャンネルで放送された(https://youtu.be/H_Tv9AMj51I 2016. 8. 29 アクセス)。

⑸ Remarks of President Obama to the People of Laos （https://www.whitehouse.
gov/the-press-office/2016/09/06/remarks-president-obama-people-laos 2016.10.2 ア
クセス).

⑹ https://portal-worlds.com/news/laos/8026（2016.10.2 アクセス).

⑺ 「ラオスの民主化のための同盟」（Alliance for Democracy in Laos）が 2016 年 8 月

第 5 章　社会開発戦略と今後の課題

30 日付けで書簡を送っている。(http://www.laoalliance.org/upload/Scan.%20ADL%20
Letter%20to%20President%20Obama.pdf　2016.10.2 アクセス).

⑻　ただし，新カリキュラムによる新教科書を用いての教育は 2008/09 学年度より
2016/17 学年度まで 9 年かけて段階的に開始されることとなっている（Onkaeo 2014,
4-5）。

⑼　教育法によると 3 つの特徴とは，「国民的特徴」「近代的・科学的特徴」「大衆的特
徴」，5 つの原則とは，「道徳教育」「知識教育」「労働教育」「肉体教育」「芸術教育」を
指す（Saphaa haeng Saat 2015）。3 つの特徴，5 つの原則はともに内戦期より言及され
てきたもので，教育に 3 つの特徴をもたせるとともに，道徳，知識，労働，肉体，芸術
の 5 分野において，完全な知識を身につけた人間の養成が教育全体の目標として掲げら
れてきた（矢野 2011, 161）。

⑽　2016 年 5 月時点でまだ前期中等教育の義務教育化は実現されていない。

⑾　『新しい教育』第 39 号には発行年月の記載がない。39 号は Facebook 上で公開されて
おり，投稿された日付が 2015 年 11 月 24 日となっている。パンカム大臣の意見が表明
されたのは，2015 年 9 月の新学期のことであるため，2015 年 11 月の発行と考えてよさ
そうである。

⑿　「万人のための教育行動計画」とは，1990 年にタイで開かれた「万人のための教育世
界会議」における決議「万人のための教育宣言」，「基礎的な学習ニーズを満たすための
行動の枠組み」，およびその実現を促すため 2000 年にセネガルで開催された「世界教
育フォーラム」における，万人が 2015 年までに初等教育を修了するという目標を達成
するために定められ，2005 年に政府に承認されたものである。その内容は国連ミレニ
アム行動計画と連携したものとなっている（万人のための教育：文部科学省　http://
www.mext.go.jp/unesco/004/003.htm　2016. 8. 28 アクセス）および（*Vientiane Mai,*
September 1, 2015）。

⒀　目標値はそれぞれ以下のとおりである。3～5 歳児の就学率 39%，初等教育の純就学
率 98%，前期中等教育の就学率 75%（Phankham 2015, 3-4）。なお前期中等教育につい
てパンカム大臣の記事で「目標を 3.1% 超えて 87.1%」としており計算が合わない。2015
年 12 月発行の『ヴィジョン 2030, 2025 年までの戦略，第 8 次教育・スポーツ部門開発
5 カ年計画』においては，78.1% とされており，87.1% が誤りと考えられるため，ここで
は 78.1% を採用した。

⒁　パンカム大臣の記事では，45 の郡と 1 県で前期中等教育レベルの補修教育を修了と
なっているが（Phankham 2015, 4），『パサソン』紙の方が新しいデータであると考えら
れるため，ここではそちらを採用した。

⒂　『パサソン』紙では，2010/11 学年度の 4008 人から 2014/15 学年度には 6 万 4671 人
に増加した，としている。このとおりであれば，学生数が急増したことになるが，筆
者は他の資料において同様の数字をみつけることができなかった。記事では 4008 人
が「40.08」と表記されているなど誤植の疑いもあるため，ここでは注（13）で言及した

117

（Kasuang Sueksaathikaan lae Kilaa 2015）の数字を記した。

⒃　2010 年のカリキュラム改革とされるが，注⑻で記したとおり，各科目・学年の新カリキュラムによる教育は 2008/09 学年度（小学 1，2 年）から段階的に 9 年かけて全学年で開始されることとなっている（Onkaeo 2014, 4-5）。

⒄　内戦期および 1976 年カリキュラムでは「道徳」科目は初等教育と前期中等教育 1〜2 年で教えられていた。2008/09 学年度より初等教育において復活している。

⒅　筆者が入手した中学 5，6 年の教科書はともに 2015 年出版となっていた。中学 5 年は 2014/15 学年度に使用が始まっていたはずであるが，筆者が入手した中学 5 年の教科書が初版であるのかは不明である。中学 7 年は 2011 年に暫定版が出版されている。

⒆　中学 1 年の表紙にはスパーヌヴォンの写真が掲載されている。暫定版の中学 7 年の教科書には指導者の写真はないが，ラオス人民軍の兵士の写真がダム，教室の授業風景，結婚の儀式の写真と並んで掲載されている。

⒇　この著作は中学 7 年でも引用されている（SWS 2011b, 196-198）。

㉑　わずかな文法面での相違はあるが，ほぼ同一の内容となっている。

㉒　表 5-2 の注で記したとおり，この課では，読解としてはスパーヌヴォンがとりあげられている。

㉓　中学 1 年では第 1 部「道徳と文化」が 11 課，第 2 部「法律」が 7 課，中学 2 年では第 1 部「道徳と文化」が 12 課，第 2 部「法律」が 6 課，中学 3 年では第 1 部「道徳と文化」が 11 課，第 2 部「法律」が 10 課，中学 4 年では第 1 部「道徳と文化」が 11 課，第 2 部「法律」が 7 課，中学 5 年では第 1 部「唯物主義的世界観と学問的方法の結合」が 9 課，第 2 部「道徳」が 7 課となっている（SWS 2010; 2011a; 2012; 2013; 2015a）。

㉔　中学 5 年の第 10 課のようにスパーヌヴォンに関しても，いくつかの学年で題材としてとりあげられている。しかし，スパーヌヴォン中心の内容であってもカイソーンの写真がスパーヌヴォンと並べて掲載されることがあるなど，全体的にみて，カイソーンの方が登場回数も多く，より強調されているといえる。

㉕　中学 5 年と 6 年の教科書が 2015 年出版となっている。

㉖　党文書，法律などで，「革命の道徳」は「シンタム・パティワット」とされることが通常であるが，ここでは原文が「クンソムバット・シンタム・パティワット」となっている。「クンソムバット」，「シンタム」はニュアンスのちがいはあるもののともに「道徳」と訳すことができるため，ここでは「革命の道徳」とした。

㉗　これは党が内戦時代に地下組織として活動しており，大衆組織であるラオス愛国戦線中央委員会の議長であったスパーヌヴォンが表向きのリーダーを務めていたことに由来すると考えられる。1979 年発行の後期中学 1 年（当時は前期中等教育・後期中等教育とせず，現在の前期中等教育はマッタニョム，後期中等教育はウドムと異なる名称が用いられていたため，教科書記載の学年も現在のように前・後期中等教育で中学 1 年〜中学 7 年とするのではなく，後期中等教育ではウドム 1，ウドム 2 と記載されていた。そのため，ここでは後期中学 1 年とした。）の『政治』の教科書は，党文書やカイソーン

118

の著作を用いて，社会主義と資本主義の違い，新体制の政治方針などを示す内容となっていたが（Kasuang Sueksaathikaan Kilaa lae Thammakaan 1979），カイソーン個人の資質を国民の模範像としたり，カイソーン個人に対する感謝を促すような内容ではなかった。

㉘　中学4年の教科書で「歴史上の指導者，英雄の恩恵は不可欠なものであるが，その特徴，能力，彼らの恩恵は時代により異なる」として，チャオ・ファーグム，チャオ・アヌヴォンなどの前近代の王朝の王たちとともに，現代の英雄として，カイソーン，革命の英雄であるシートーン，ターオ・トゥーの名が挙げられている課が存在するが，各個人の資質や思想には言及していない（SWS 2008a, 55）。また，中学2年のラオス人民革命党に関する課で，ホー・チ・ミンが似顔絵入りで登場するが（SWS 1997a, 228），ラオス人民革命党の指導者の個人名には言及されていない。

㉙　たとえば，中学5年第10課でスパーヌヴォンの経歴を紹介した後，「われわれは人民に仕え，人民に対して誠実でなければならない」との言葉を紹介している（SWS 2015a, 85-86）。

㉚　先述の1994年カリキュラムの中学4年教科書第15課においても，「われわれの国民の進む正しい道，栄誉あるラオス人民革命党，ラオス人民民主共和国，民族間の一枚岩的団結という遺産，国防・公安勢力，全方面の刷新事業から引き出された豊かな教訓，輝かしい国際精神と協調した真の愛国心」を「カイソーンが加えたわれわれの国と人民の素晴らしい遺産」とした表現がみられる（SWS 2008a, 60）。

＜参考文献＞

＜日本語文献＞

寺本実 2012.「第11回党大会を巡る議論に向けて」寺本実編『転換期のベトナム――第11回党大会，工業国への新たな選択――』アジア経済研究所　1-21.

古田元夫 1996.『ホー・チ・ミン――民族解放とドイモイ――』岩波書店.

矢野順子 2011.「国家建設過程における理想的国民像の変化―道徳教科書の分析を中心に」山田紀彦編『ラオスにおける国民国家建設―理想と現実―』アジア経済研究所　143-192.

―――― 2016.「ラオスの国民統合と識字運動―建国40周年を迎えて」『共生の文化研究』（10）3月　120-125.

＜ラオス語文献＞

Kasuang Phaenkaan lae Kaan Longthuen. 2016. *Phaen Phatthanaa Seetthakit Sangkhom 5 pii Khangthii 8 (2016-2020)*［第8次経済社会開発5ヵ年計画（2016-2020）］.

Kasuang Sueksaathikaan lae Kilaa. 2015. *Visaithat hoot 2030 Nyutthasaat hoot 2025 lae Phaen*

Phatthanaa Khanaeng Kaan Sueksaa lae Kilaa 5 pii Khangthii 8 (2016-2020) [ヴィジョン 2030，2025 年までの戦略，第 8 次教育・スポーツ部門開発 5 カ年計画（2016-2020）].

Kasuang Sueksaathikaan Kilaa lae Thammakaan. 1979. *Visaa Kaan Mueang Udom1* [政治後期中学 1 年].

Onkaeo Nouvannavong. 2014. "Kaan Patihuup Laksuut Saaman Sueksaa." [普通教育カリキュラム改革] *Sueksaa Mai* (38) December: 3-5.

Phak Pasaason Pativat Lao. 2016. *Koong Pasum Nyai Khangthii 10 khoong Phak Pasaason Pativat Lao* [ラオス人民革命党第 10 回大会]. Vientiane: Samnak Phim lae Chamnaai Puem haeng Lat.

Phankham Viphavanh. 2015. "Bot Khamhen khoong Dr. Phankham Viphavanh." [パンカム・ウィパーワン博士の意見] *Sueksaa Mai* (39) November: 3-6.

Saphaa haeng Saat. 2015. *Kotmaai Waaduai Kaan Sueksaa Sabap Pappung* [改正教育法].

SWS (Sathaabankhonkhwaa Withanyaasaat Kaan Sueksaa). 1996. *Baephian Vithyaasaat Sangkhom Sanmatthanyom Piithii 1* [社会科学中学 1 年], Vientiane: Hoongphim Sueksaa.

—— 1997a. *Baephian Vithanyaasaat Sangkhom Sanmatthanyom Piithii 2* [社会科学中学 2 年], Vientiane: Hoongphim Sueksaa.

—— 1997b. *Baephian Vithanyaasaat Sangkhom Sanmatthanyom Piithii 3* [社会科学中学 3 年], Vientiane: Hoongphim Sueksaa.

—— 2008a. *Baephian Sueksaa Phonlamueang Sanmatthanyom Sueksaa Piithii 4* [公民教育中学 4 年], Vientiane: Hoongphim Sueksaa.

—— 2008b. *Baephian Sueksaa Phonlamueang Sanmatthanyom Sueksaa Piithii 5* [公民教育中学 5 年], Vientiane: Hoongphim Sueksaa.

—— 2008c. *Baephian Sueksaa Phonlamueang Sanmatthanyom Sueksaa Piithii 6* [公民教育中学 6 年], Vientiane: Hoongphim Sueksaa.

—— 2010. *Baephian Sueksaa Phonlamueang Sanmatthanyom Sueksaa Piithii 1* [公民教育中学 1 年], Vientiane: Hoongphim Sueksaa.

—— 2011a. *Baephian Sueksaa Phonlamueang Sanmatthanyom Sueksaa Piithii 2* [公民教育中学 2 年], Vientiane: Hoongphim Sueksaa.

—— 2011b. *Baephian Sueksaa Phonlamueang Sanmatthanyom Sueksaa Piithii 7 Sabap Suakhaao* [暫定版公民教育中学 7 年], Vientiane: Hoongphim Sueksaa.

—— 2012. *Baephian Sueksaa Phonlamueang Sanmatthanyom Sueksaa Piithii 3* [公民教育中学 3 年], Vientiane: Hoongphim Sueksaa.

—— 2013. *Baephian Sueksaa Phonlamueang Sanmatthanyom Sueksaa Piithii 4* [公民教育中学 4 年], Vientiane: Hoongphim Sueksaa.

—— 2015a. *Baephian Sueksaa Phonlamueang Sanmatthanyom Sueksaa Piithii 5* [公民教育中

学 5 年], Vientiane: Hoongphim Sueksaa.

――― 2015b. *Baephian Sueksaa Phonlamueang Sanmatthanyom Sueksaa Piithii 6* ［公民教育中学 6 年], Vientiane: Hoongphim Sueksaa.

＜新聞＞

Pasaason

Vientiane Mai

第 6 章

第 8 期国会議員選挙と県人民議会選挙

山 田　紀 彦

はじめに

　2016 年 3 月 20 日，第 8 期国会議員選挙と県・首都人民議会選挙（以下，県議会選挙）が実施された。国会議員選挙は 5 年ごとに開催されるが，県議会選挙は 1989 年以来 27 年ぶりである。県議会は 1991 年に初の憲法が制定された際に廃止され，以降，国会が唯一の国民の代表機関となった。しかし，2015年 12 月の憲法改正によって県議会が復活したのである。また同改正憲法では，1991 年の憲法制定以降初めて国会が「国家権力の最高機関」と定められた。これらの背景には国民の代表機関を強化するとともに，地方分権や政治参加の拡大を通じて地方の主体性を向上させ，経済開発や貧困削減を進めるねらいがある。

　とはいえ，ラオスは人民革命党による一党独裁体制であり，自由かつ競争的選挙が行われるわけではない。党がお墨付きを与えた人物しか候補者となれない制度である。したがって，党は候補者選出段階で自らの意向を反映させることができる。つまり候補者の属性を分析し前回選挙からの変化を明らかにすることで，選挙における党の意図を把握することが可能となる。そこで本章は，候補者の属性分析を通じてふたつの選挙における党の意図を明らかにしたい。

　以下第 1 節では，県議会復活の背景を考察する。第 2 節では選挙制度と選挙過程を概観し，そのうえで第 3 節では第 8 期国会選挙を，そして第 4 節では県議会選挙を分析する。以上を通じて，党が国会と県議会の役割分担を明確にしつつも，ふたつの議会を連携させる目的で候補者を選出したことが明らかにさ

123

れよう。

第 1 節　県議会復活の背景と役割

1. 県議会の復活

　ラオス人民民主共和国が誕生する直前の 1975 年 11 月 20 日から 22 日にかけて，ラオス愛国戦線[1] が中心となり県，郡，区[2] 議会選挙が実施された（Brown and Zasloff 1986, 172-173）。そして議会によって人民行政委員会が選出され，委員会の下には政府に対応する部門（セクター）組織（たとえば財務局や農業局など）がおかれた。中央の省はこれらの地方部門組織に対して専門技術分野についてのみ指導し，その他の権限は人民行政委員会に帰属することとなった。つまり，地方部門組織は中央と地方に二重に従属する一方で，地方人民行政委員会の管理をより強く受ける地域別管理体制が敷かれたのである。

　しかし，1991 年の憲法制定とともに地方人民議会と人民行政委員会は廃止され，中央省庁が県と郡に直轄の事務所をおく部門別管理体制に変更された。それにともない地方には中央から任命される県知事や郡長などの首長がおかれることになった。これにより，1975 年以降党がめざしてきた中央集権体制の原型がほぼ整ったのである[3]。

　とはいえ，当初は地方人民議会と人民行政委員会の廃止は考えられていなかった。1990 年 6 月に公開された第 1 次憲法草案では，地方人民議会や人民行政委員会は維持されていた（*Vientiane Mai,* June 6, 1990）。つまり，この時点で廃止は決定されていなかったことになる。また，1990 年以前の動きをみると，党はむしろ国民の代表である議会の位置づけを高めようとしていたともいえる。

　たとえば，1988 年 4 月 19 日に可決された「ラオス人民民主共和国最高人民議会に関する法律」第 1 条では，最高人民議会が最高国家権力機関と位置づけられていた（Saphaa pasaason suung sut 1988a）。1991 年憲法では国会（最高人民議会から改称）は最高権力機関と位置づけられていない。また同じく 1988 年 4 月 19 日付けで改正された「各級人民議会と行政委員会の組織に関する法律第 101 号」（1978 年 7 月 31 日公布）では，地方人民議会の役割として，「市民の

権利と利益を保護し」（第 11 条），人民の意見や願望を把握すること（第 25 条）などが規定されている（Saphaa pasaason suung sut 1988b）。

　しかし，1991 年 1 月に開催された第 4 期党中央執行委員会第 10 回総会（以下，第 4 期 10 中総）では，人民議会と人民行政委員会の廃止が具体的に議論された。同総会でカイソーン党書記長（当時）は，議会が形式的で役割に見合う活動をしておらず，予算や時間を無駄にしており，また，代表も地元から選出されておらず議員も有権者に説明責任を果たしていないため，議会が国民の真の代表機関になっていないと指摘している。そして県人民議会と人民行政委員会を廃止し県知事制の導入を提案した（Kaysone 1997, 489-497）。つまり，1990 年 6 月の憲法第 1 次草案公表から 1991 年 1 月までに，県人民議会と人民行政委員会の廃止に方針が転換したのである。

　しかし，議会が実質的に機能していなかったことはすでに周知の事実であり，1991 年 1 月になって初めて明らかになったわけではない。そうであれば，議会機能の問題ではない何らかの要因が方針転換の背景にあると考えるのが妥当であろう。

　それは東欧やソ連の民主化だと考えられる。1989 年から東欧社会主義諸国が次々に民主化し，1991 年にはソ連が崩壊する。この一連の民主化が党指導部の判断に大きな影響を及ぼしたことは間違いないだろう。とはいえ党指導部は当初，社会主義圏全体で起こっていた民主化の動きに対して，議会機能を強化することで対応しようとしていた。それは先述の 1988 年の法改正や憲法第 1 次草案からも裏づけられる。

　しかし 1990 年，ハンガリー，ルーマニア，ポーランドで相次いで自由かつ競争的な議会選挙や大統領選挙が実施され，共産党以外の政党や民主化勢力が政権を握った。また，1990 年 5 月にワルシャワやプラハでラオス人留学生が民主化デモを行い，8 月には党中堅幹部が複数政党制導入を訴える書簡を回覧する事件も起きた。民主化の波が在外ラオス人や国内にも押し寄せたことで，党指導部は政治参加の拡大に強い危惧を抱くようになり，議会を強化し民意を反映させるとの当初方針から一転し，地方議会を廃止し中央集権化を徹底したと考えられるのである。ではなぜ 2015 年に県議会は復活したのだろうか。

　2015 年 12 月 9 日に県議会に関する法案を提出したウンケーオ国会事務局長（当時）は，県議会復活の理由を以下のようにまとめている。

・憲法の執行を保証し，人民自らが選出した代表機関と代表による地方での
　国家管理，また経済・社会管理を通じて諸民族人民の民主的権利を促進す
　る
・地方における国家権力の分割と責任分担を明確にする
・県議会を通じた地方国家権力機関の監視，指導，促進，協力を行う
・県議会が身近にできることで利便性が向上し，国家管理，経済・社会管理
　において人民が主体的に権利を行使する
・人民が主体的に経済開発や貧困削減に参加する

(*Pasaason Socio-Economic,* December 10, 2015)

　以上をまとめれば，住民の政治参加の拡大，分権による地方の主体性の向上，
中央と地方の役割の明確化，地方国家機関への監督が県議会復活のおもな理由
といえる。しかし，これらはまさに1991年に党が地方議会を廃止した要因で
あった。なぜ同じ理由にもかかわらず，ふたつの異なる結果をもたらしたのだ
ろうか。

　1980年代後半から1990年代前半は，中央集権化を図り党の支配体制を全国
に貫徹することが何よりも重要であった。だからこそ地方議会を廃止し中央集
権化を図ったのだろう。また当時の国内外の環境もそれを許容する状況にあっ
た。確かに民主化圧力はあったものの，西側諸国のラオスに対する注目は低く，
また国内における民主化という声もごく一部に限られていた。国民に不満はあ
るとはいえ，それが制度外で表出する恐れもほとんどなかった。また1986年
から本格化した改革への期待感もあったと考えられる。

　しかし現在の状況は大きく異なる。この10年間の経済成長により都市と農
村の経済格差，汚職や不正，また土地紛争などが悪化した。とくに地方におけ
る国民の不満は拡大し，党への国民の信頼は低下している。そして国民の政治
意識も高くなり，時には不満を制度外で表出するようになった。インターネッ
トやソーシャルネットワーキングサービス（SNS）の発達により，国民自身が
さまざまな情報にアクセスし自ら発信できるようにもなった。つまり現在，体
制維持にとって最も重要なのは，国民の政治参加を拡大し政策に民意を反映さ
せることで国民の不満を緩和し，党への信頼を回復することである。それには

地方議会の復活がひとつの手段となる。そして国民の政治参加の拡大や地方分権は，援助供与国の政治改革要請にもかなうものであり，対外的にもアピールできる。言い換えれば，独裁体制を維持する目的で廃止された地方議会は，同じ理由により復活を遂げたのである。

復活した県議会の任期は5年であり（県級人民議会法第6条），地方の重要な法規を審議・承認し，地方の基本的重要問題を決定するとともに，地方国家機関の憲法や法律の執行を監査すると定められている（第9条）（Saphaa haeng saat 2016）。主要な権限や任務は以下のとおりである。

・県知事・都知事の提案に従って郡，テーサバーン，市の設立または廃止を審議，承認する（第12条第1.2項）
・県議会が選出または任命を承認した人材に対して，県議会常務委員会の提案または議員総数の4分の1の提案に従い不信任を決議する（第12条第1.3項）
・地方の国家戦略，経済・社会開発計画，予算計画を審議，承認する（第12条第2.1項）
・政府の分配に従い，年度予算配分計画を審議，承認する（第12条第2.2項）
・地域会計監査機構の監査報告を受ける（第12条第2.5項）
・県知事・都知事の県部門機関および部門と同格の機関の設立，廃止，分割，統合に関する提案を審議，承認する（第12条第3.1.2項）
・県議会常務委員会の提案に従い県知事，都知事を選出または罷免する（第12条第3.3.2項）
・県・都副知事，県部門長，部門と同格の機関の長，郡長，テーサバーン長，市長の任命，異動，罷免に関する県知事，都知事の提案を審議，承認する（第12条第3.2.5項）
・県と郡の歳入・歳出を監査する（第13条第4項）
・県議会議員は議会常務委員，県・都知事，地方人民検察院長，地方人民裁判所長官，部門長等への質疑権を有する（第25条第2項）
・人民の不服申立とホットラインの解決に参加する（第25条第6項）

以上からは，県議会が地方において大きな権限を有していることがわかる。

地方開発計画や予算計画の審議，また監査については，すでに2010年の国会法改正により県選出国会議員によって行われていた。したがって，その役割が県議会に移譲されたことになる。注目は人事と組織に関する権限の中央から県議会への委譲である。

　これまでは首相の提案に従い国家主席が県知事・都知事を任命・罷免していたが，今後は県議会常務委員会の提案を県議会が承認し，その後に首相が任命・罷免を行うこととなった（憲法第72条）。また首相に付与されていた省庁や地方行政機関の組織構成に関する決定権，大臣が有していた県部門長の任命権等も県に委譲された。県議会には県行政機関の設立や廃止，また県部門長の任命や罷免に関する県・都知事の提案を審議，承認する権限が付与されたのである。つまり，県議会は地方の人事・組織に対して大きな権限を有するようになった。

　しかしこれは，県が人事や組織に関して自由裁量権を得たことを意味しない。現在は中央省庁が県と郡に直接の出先機関をおく部門別管理制度を採用し，中央集権管理を行っている。その制度自体に変更はないため，今回の憲法改正によって管理権と人事権の所在に食いちがいが生じたことになる。

第2節　選挙過程

1．選挙制度

　今回の第8期国会選挙と県級人民議会選挙は2015年12月に改正された「国会および県級人民議会選挙法」に基づき実施された（Saphaa haeng saat 2015）。以下では同法に基づき選挙制度を概観する。

　選挙権と被選挙権はこれまでと同様にそれぞれ18歳以上，21歳以上となっている。国会議員，県議会議員ともに立候補資格は共通である。ラオス市民であり，愛国心や人民民主主義体制への愛着を有し，国家に忠実かつ忠誠で，刷新路線や党の路線を把握すること等（第12条）が要件となっている。一方で，今回はこれまでと異なり新たに前期中等学校卒業以上と，初めて学歴条項が入った。また忍耐力，節制，誠実さを有する等の文言も加わった。学歴条項の

導入は議員の質向上のために長年議論されていた。「忍耐力」「節制」「誠実さ」は党や国家幹部の汚職や不正が拡大していることが背景にある。

選挙区は国会議員選挙が県と首都，県議会が郡級行政級（郡，テーサバーン，市）となっている（第18条）[4]。定数は両議会ともに人口5万人に対して1議席となっているが，人口20万人以下の県は国会議員を5人とし，人口20万人以上の県は人口5万人ごとに1議席増やし，最大で19人を超えないと定められている（第11条）。一方県議会選挙については，人口15万人以下の郡は3人の議員を有し，15万人以上の人口を有する郡は人口5万人に1議席増加し，各県の議員数は15人を下回らないとなっている（第11条）。そして選挙法第39条では，「国家議員に選出され，地方選挙区に居住する者は県級人民議会議員を兼任する」とし，国会議員と県議会議員の兼任を認めている。

選挙過程は以下のように規定されている。

1）国会常務委員会は投票日を決定し，国家主席に対して投票日90日前までに国家主席令を公布するよう提案する（第32条）（旧法では130日前）

2）国会常務委員会は国家選挙委員会を任命し，国家主席に対して投票日90日前までに国家主席令を公布するよう提案する（第25条）（旧法では120日前）

3）県知事，首都知事，郡長，テーサバーン長，市長は選挙委員会を任命し投票日60日前までに公示する（第27条）（旧法では90日前）

4）国会常務委員会が各選挙区の候補者数と定数を決定し，投票日45日前までに国家主席が国家主席令を公布する（第11条）（旧法では60日前）

5）国家選挙委員会が全国の候補者リストをまとめ，投票日45日前までに告示する（第15条9）（旧法では60日前）

6）国家選挙委員会は投票日30日前までに有権者数を告示する（第21条）（旧法では40日前）

2010年選挙法と比較すると，今回の選挙は投票日の決定から投票までの日程が短くなっている。夏から秋にかけてASEAN関連会議や首脳会議を主催す

るため選挙日程を前倒しし，それに合わせて規定を変更したと考えられる。

　２．実際の選挙の流れ

　表6-1は，第8期国会選挙と県議会選挙関連の文書公布日である。表をみる
と，まず政治局決議が公布されており，選挙が党の最高権力機関の指導で始
まることがわかる[5]。政治局決議をふまえて，国会常務委員会が投票日や第
8期国会選挙・県人民議会選挙国家選挙委員会（以下，国家選挙委員会）の構成
を決める。そして，2015年12月30日に国家主席により投票日と国家選挙委
員会メンバーが公示された。表6-2は国家選挙委員会メンバーとその役職であ
る。メンバー構成からも選挙が党の管理下で行われていることがわかる。
　国家選挙委員会は2016年1月7日に第1回会合を開催し選挙活動について
話し合った（*Pasaason,* January 8, 2016）。これを受けて1月12～14日にかけて，
国家選挙委員会が複数の文書を公布し選挙活動が本格化する。そして2016年
1月28日には，「第8期国会議員選挙および県・首都人民議会の人材構成に関
する国家選挙委員会常務委員会指導書第02号」が公布された。同文書は候補
者の構成を定める重要な文書である。しかし，前回選挙と異なり今回はとく
に具体的な指示はなく，民族，性別，年齢に配慮し候補者を定めること，ま
た議員定数と候補者数が記されているのみである。その議員定数と候補者数，
また各県の内訳は2月4日付けの国家主席令第029号で公示された（Pathaan
patheet 2016）。
　表6-3は国会議員選挙における各県の定数と候補者数，表6-4は県議会選挙
における各県の定数と候補者数である。国会議員候補者は通常，中央機関に所
属し国家選挙委員会から選挙区を割り当てられる中央候補者と，地方機関に所
属し地方選挙委員会により選出される地方候補者に分かれている。前回の第7
期選挙では人材構成に関する国家選挙委員会指導書でその内訳が示されていが，
今回は内訳に関する記述がない。表6-3の中央と地方候補者の内訳は，候補者
の推薦組織に基づいて筆者が特定したものである。
　各県での候補者選定は先述の国家選挙員会指導書第02号により本格化す
る。たとえば，パニー国会議長は1月31日から2月1日にルアンパバーン県
を選挙指導のために訪問し，候補者数の見直しや女性候補者の増加を指示した

第 6 章　第 8 期国会議員選挙と県人民議会選挙

表 6-1　選挙関連文書と公布日

日付	公布機関	文書名
2015.12.21	政治局	2016～2020 年の第 8 期国会議員選挙および県・都人民議会選挙への指導強化に関する政治局決議第 29 号
2015.12.22	国会常務委員会	選挙投票日に関する国会常務委員会提案書第 0181 号
2015.12.22	国会常務委員会	国家選挙委員会任命に関する国会常務委員会提案書第 032 号
2015.12.30	国家主席	第 8 期国会議員選挙及び県・首都級人民議会選挙投票日に関する国家主席令第 224 号
2015.12.30	国家主席	第 8 期国会議員選挙及び県・首都級人民議会選挙国家選挙委員会名簿公示に関する国家主席令第 225 号
2016.1.12	国家選挙委員会	第 8 期国会議員選挙及び県・首都級人民議会選挙国家選挙委員会の組織と役割に関する国家選員会規則第 01 号
2016.1.12	国家選挙委員会	第 8 期国会議員選挙及び県・首都級人民議会選挙国家選挙委員会内の責任分担に関する国家選挙委員会規則第 02 号
2016.1.12	国家選挙委員会	国家選挙委員会常任委員と補佐小委員会任命に関する国家選挙委員会決定第 03 号
2016.1.12	国家選挙委員会	第 8 期国会議員選挙及び県級人民議会選挙に関する国家選挙委員会業務実施計画第 04 号
2016.1.14	国家選挙委員会	地方選挙委員会と投票責任単位任命に関する国家選挙委員会指導書第 05 号
2016.1.28	国家選挙委員会常務委員会	第 8 期国会議員選挙及び県・首都人民議会の人材構成に関する国家選挙委員会常務委員会指導書第 02 号
2016.2.4	国家主席	第 8 期国会議員選挙及び県・首都人民議会候補者数公示に関する国家主席令第 029 号
2016.2.11	国家選挙委員会常務委員会	選挙関連印刷物に関する責任分担についての国家選挙委員会常務委員会通達第 12 号
2016.2.15	国家選挙委員会	第 8 期国会議員選挙候補者名簿に関する国家選挙委員会公示第 09 号
2016.2.16	国家選挙委員会常務委員会	第 8 期国会議員選挙及び県・首都人民議会選挙候補者による全国選挙区での遊説を許可する国家選挙委員会常務委員会決定第 015 号
2016.2.22	国家選挙委員会書記小委員会	第 8 期国会議員選挙および県・首都級人民議会選挙有権者数に関する記者発表。

（出所）　国会ホームページ（http://www.na.gov.la/docs/8thgeneral.election/），2016 年 3 月 11 日アクセス。

表 6-2 国家選挙委員会構成

	氏　　名	党・国家機関における役職（選出時）
1	ブンニャン・ウォラチット委員長	党政治局員，書記局常任，国家副主席，
2	パニー・ヤートートゥー副委員長・常任*	党政治局員，国会議長
3	ソムパン・ペーンカムミー委員	党中央執行委員，国会副議長
4	チャンシー・ポーシーカム	党書記局員，党中央組織委員会委員長
5	セーンヌアン・サイニャラート	党書記局員，国防大臣
6	ボーセンカム・ウォンダーラー	党中央執行委員，情報・文化・観光大臣
7	キケーオ・カイカムピトゥーン	党中央執行委員，党中央宣伝・訓練委員会委員長
8	ソーンサイ・シーパンドーン	党中央執行委員，政府官房長官
9	ソムケーオ・シーラウォン	党中央執行委員，公安大臣
10	パーン・ノーイマニー	党中央執行委員，ラオス労働連盟議長
11	リアン・ティケーオ	党中央執行委員，財務大臣
12	カムバイ・ダムラット	党中央執行委員，ラオス国家建設戦線議長代行
13	ダーウォーン・ワーンウィチット	国会常務委員，国会法務委員会委員長
14	ソムポーン・ケーオミーサイ	国家退役軍人協会会長
15	インラーワン・ケーオブンパン*	ラオス女性同盟議長
16	ソーンタヌー・タムマウォン	ラオス人民革命青年同盟書記
17	カムウアン・チャンタノン	中央検査委員会副委員長

（出所）　Pathaan patheet（2015）を基に筆者作成。
（注）　＊は女性。

表 6-3　第 8 期国会議員選挙候補者数と定数

選挙区	県・首都名	候補者内訳			定数
		中央	地方	合計	
1	首都ヴィエンチャン	6	18	24	17
2	ポンサリー	2	5	7	5
3	ルアンナムター	3	4	7	5
4	ウドムサイ	3	7	10	7
5	ボケオ	2	5	7	5
6	ルアンパバーン	4	11	15	10
7	サイニャブリー	3	9	12	8
8	フアパン	3	7	10	7
9	シェンクアン	2	7	9	6
10	ヴィエンチャン	4	9	13	9
11	ボリカムサイ	2	7	9	6
12	カムアン	3	8	11	8
13	サワンナケート	9	17	26	19
14	サラワン	3	8	11	8
15	チャンパーサック	6	13	19	14
16	セコーン	2	5	7	5
17	アッタプー	2	5	7	5
18	サイソムブーン	2	5	7	5
	合計	61	150	211	149

（出所）　*Pasaason,* February 8, 2016.
（注）　中央と地方の内訳は候補者の所属，推薦組織を基に筆者が集計した数値である。

第 6 章　第 8 期国会議員選挙と県人民議会選挙

表 6-4　県・首都人民議会選挙候補者数と定数

選挙区	県・首都名	候補者数	定数
1	首都ヴィエンチャン	27	18
2	ポンサリー	25	18
3	ルアンナムター	17	12
4	ウドムサイ	24	17
5	ボケオ	17	12
6	ルアンパバーン	42	30
7	サイニャブリー	39	28
8	フアパン	36	26
9	シェンクアン	24	17
10	ヴィエンチャン	39	28
11	ボリカムサイ	24	17
12	カムアン	35	25
13	サワンナケート	50	35
14	サラワン	27	19
15	チャンパーサック	32	22
16	セコーン	16	12
17	アッタプー	17	12
18	サイソムブーン	17	12
	合計	508	360

（出所）　*Pasaason,* February 8, 2016.

（*Pasaason Socio-Economic,* February 4, 2016）。またチャンパーサック県は 2 月初旬に第 8 期国会議員選挙と県議会選挙候補者に関する県レベルの意見聴取会議を開催した。メークサワン県党副書記兼選挙区議員団長，県選挙委員会常務委員，県党常務委員，県党執行委員など 519 人が参加し，27 人の国会議員選挙候補者を 19 人に絞った（*Pathet Lao,* February 11, 2016）。各機関や県ではこのようなスクリーニングが複数回行われ候補者が絞られていく[6]。

　ただ，セコーン県のように，文書公布前にある程度候補者選定を行った県もある。たとえば『パサーソン経済・社会紙』1 月 20 日付けでは，セコーン県選挙委員会がすでに候補者選定を行っており，政治的資質，性別，民族，年齢，人民からの信頼性などを考慮したうえで国会議員候補者 5 人，また県議会選挙候補者は郡党委員会副書記や執行委員をターゲットに各郡 4 人，計 16 人を配分したとの記事を掲載している（*Pasaason Socio-Economic,* January 20, 2016）。

　そして国会議員選挙候補者名簿は，2016 年 2 月 15 日に国家選挙委員会により告示された（Khana kammakaan leuak tang ladap saat 2016）。選挙法では県議会選挙候補者も国家選挙委員会が告示することになっているが確認できていな

い。ただし数日後に各県選挙委員会が選挙候補者を発表している。たとえば2月20日，首都ヴィエンチャン選挙委員会は記者会見を行い，候補者27人（各郡，候補3人から2人を選出）を発表した（*Vientiane Mai,* February 22, 2016）。

写真6-1

投票所の様子，2016年3月筆者撮影。

写真6-2

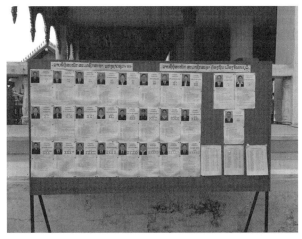

投票所に掲げられる候補者のポスター，2016年3月筆者撮影。

第 6 章　第 8 期国会議員選挙と県人民議会選挙

写真6-3

投票用紙を見ながら考える有権者，
2016年 3 月筆者撮影。

写真6-4

投票用紙記入台，2016年 3 月筆者撮影。

その後，各候補者は選挙区での遊説活動を2月25日から開始した（Khana kammakaan leuak tang ladap saat khana pacham 2016）。遊説活動は，基本的には国会選挙も県議会選挙も候補者全員が一緒に県内の各村や機関を回る。しかし，第1選挙区首都ヴィエンチャンのように候補者が24人と多いところでは，3グループ（各グループ8人）に分かれて遊説活動を行うこともある。遊説といっても一党しかないため，日本のように各政党が政策を有権者に訴え他の候補者との差別化を図るような選挙運動ではない。有権者が候補者を知り，候補者が選挙区住民の要望，開発状況，生活を把握するとともに，人民革命党の路線を有権者に普及することがおもな目的となる（*Pasaason,* February 22, 2016）。

そして3月20日，国会選挙と県議会選挙の投票が行われた。投票は朝7時から夕方5時までとなっているが，場所によってはその前後で開始，終了することができる。ただし朝5時から夜7時までが最大となっている。投票後は各投票所で開票が行われ，各級の選挙委員会で集計され国家選挙委員会に結果が報告される。

第3節　候補者の属性分析と結果

1．第8期国会議員選挙

表6-5は1991年の憲法制定後，これまでに実施された6回の国会選挙における候補者概要である。第8期国会議員選挙は定数149人，候補者211人とこれまでで最も多い。しかし倍率は1.42倍と最も低い。倍率を低くするのには理由がある。投票は大選挙区完全連記制で行われるため，有権者は定数分投票することになる。たとえば首都ヴィエンチャンでは定数17であるため，有権者は候補者24人のなかから17人に票を投じる。このような大選挙区完全連記制の場合，倍率を低くすれば結果に党の意図を反映させやすくなる。たとえば，ある特定分野の議員を必ず1人当選させようと思えば，同分野から候補者を2人以上出せば1人は当選する計算となる。つまり倍率の低下は党のコントロールが強まっていることを意味する。

そのほか，中央候補者と地方候補者，現職議員，女性候補者の割合，平均年

第6章　第8期国会議員選挙と県人民議会選挙

表6-5　第3期~第8期選挙の候補者概要

	第3期 (1992年)	第4期 (1997年)	第5期 (2002年)	第6期 (2006年)	第7期 (2011年)	第8期 (2016年)
定数	85人	99人	109人	115人	132人	149人
立候補者総数	154人	160人 1)	166人	175人	190人	211人 4)
倍率	1.81倍	1.62倍	1.53倍	1.52倍	1.44倍	1.42倍
中央候補者	34人 (22.1%)	32人 (20.0%)	35人 (21.1%)	43人 (24.6%)	47人 (24.7%)	61人 (28.9%)
地方候補者	120人 (77.9%)	128人 (80.0%)	131人 (78.9%)	132人 (75.4%)	143人 (75.3%)	150人 (71.1%)
現職国会議員	20人 (13.0%)	41人 (25.6%)	51人 (30.7%)	46人 (26.3%)	45人 (23.7%)	48人 (22.7%)
女性候補者	16人 (10.4%)	28人 (17.5%)	32人 (19.3%)	39人 (22.3%)	47人 (24.7%)	50人 (23.7%)
ラオ・ルム 2)	108人 (70.1%)	113人 (70.6%)	114人 (68.7%)	133人 (76.0%)	140人 (73.7%)	162人 (77.5%)
ラオ・トゥン	29人 (18.8%)	29人 (18.1%)	36人 (21.7%)	26人 (14.9%)	28人 (14.7%)	25人 (12.0%)
ラオ・スーン 3)	17人 (11.0%)	18人 (11.3%)	16人 (9.6%)	16人 (9.1%)	22人 (11.6%)	22人 (10.5%)
45歳以下	62人 (40.3%)	48人 (30.0%)	35人 (21.1%)	24人 (13.7%)	26人 (13.7%)	26人 (12.3%)
46歳~50歳	39人 (25.3%)	30人 (18.8%)	45人 (27.1%)	50人 (28.6%)	42人 (22.1%)	46人 (21.8%)
51歳~55歳	24人 (15.6%)	47人 (29.4%)	43人 (25.9%)	52人 (29.7%)	58人 (30.5%)	57人 (27.0%)
56歳~60歳	18人 (11.7%)	24人 (15.0%)	27人 (16.3%)	33人 (18.9%)	43人 (22.6%)	56人 (26.5%)
61歳以上	11人 (7.1%)	11人 (6.9%)	16人 (9.6%)	16人 (9.1%)	21人 (12.1%)	26人 (12.3%)
平均年齢	48歳	50歳	51歳	52歳	52歳	53歳
学士修了	24人 (15.6%)	34人 (21.4%)	25人 (15.1%)	32人 (18.3%)	55人 (29.0%)	67人 (31.8%)
修士修了	3人 (2.0%)	6人 (3.8%)	14人 (8.4%)	22人 (12.6%)	36人 (18.9%)	67人 (31.8%)
博士修了	1人 (0.6%)	3人 (1.9%)	11人 (6.6%)	19人 (10.9%)	22人 (11.6%)	28人 (13.3%)

（出所）*Pasaason*, 1992年11月14日~12月8日, 1997年10月23日~11月28日, 2006年3月2日, 2006年3月3日, 2011年3月3日, 2011年4月1日~18日, Khana kammakaan leuaktang ladap saat (2011b), Pathaan patheet (2016), *Phouthen Pasaxon*, March 07-09, No.301, 2016を基に筆者作成.

（注）　1)　第4期の候補者は当初160人と発表されたが、その後第4選挙区ウドムサイ県で候補者番号7番カムビアン候補がリストから外れたため投票時には159人であった。

2)　これは一般的な民族名称としてはすでに使用されなくなっているが、公式的な民族名称として低地ラオ（ラオ・ルム）、山腹のラオ（ラオ・トゥン）、山頂のラオ（ラオ・スーン）と居住地の高低によって三つにわけられる。現在のラオスの公定民族数は49民族であるが、民族名称や氏族による分類が発表されるようになったため、比較のために筆者自身が3分類に直した。第8期は2人の候補者の民族分類が不明であるため母数を209人として割合を算出している。

3)　年齢は候補者発表時点。

4)　当初は211人と発表された。しかし選挙前に第17選挙区アッタプー県候補ウィサイ候補が死亡し、候補者の補充がされなかったため投票時は210人となった。

齢などはこれまでとほとんど変化はない。民族構成もほぼ変わりない。ただし候補者の学歴は全体的にはこれまでよりも高くなっている。とくに修士号取得者の数は全体の約3割を占めるほどである。学歴条項とあわせて議員の質を高めようという党のねらいがみてとれる。

　表6-6は第3期選挙以降の候補者の役職別割合である。議員の多くは非専従であり，ほとんどが党や国家機関に本務をもち，かつ複数の役職についている。そのような場合はそれらすべてをカウントしている。というのは，候補者は必ずしもひとつの役職に依存せず，党もひとりに複数の組織や分野を代表させようとしているからである。したがって，表6-6の数値は延べ人数であり，候補者数と一致しないことに留意が必要である。またこれまでの各選挙間の変化や特徴は山田（2012; 2013）に詳しいため，ここでは第7期と第8期の候補者の属性を比較し，今選挙における特徴を明らかにする。図6-1は表6-6で示された第7期と第8期の数値をグラフに直したものであり，点線で囲まれている箇所はふたつの選挙間で顕著な差が現れた分野である。

　第7期選挙では，県指導幹部（県党副書記，県副知事，県党常務委員など）の割合が低下し，反対に地方や村などの末端レベルの実情に詳しい郡指導幹部，地方国会事務所関係者，建設戦線・大衆組織の候補者割合が増加した（山田2013, 76）。これには，国会議員が人民と密接な関係を築くことで村などの末端レベルの意見を国会に反映させるねらいがあった（山田2013, 73-76）。第8期選挙前にメディアのインタビューに答えたソムプー国会社会・文化委員会副委員長（当時）も，前回選挙で大衆組織から候補者が増えたのは，議員が選挙区での活動に時間を割けるようにするためだと述べている（*Vientiane Times,* March 17, 2016）。

　一方，第8期選挙では県議会が設立され，末端の意見を国会に上げる必要性が薄れたため，建設戦線・大衆組織からの候補者が減少し，県指導幹部，国会分科委員会の役職者，国会内の部局長，地方選挙区常任議員，地方国会事務所などの国会関係機関，そして政府省庁から多数の候補者が出された。具体的には18県（＝選挙区）すべてにおいて複数いる県党副書記のひとりが候補者となった。これは後述するように，彼らを国会議員兼県議会議長に就任させ，国会と県議会の橋渡し役とさせる意図がある。また県議会が設立されたことで地方住民の意見は同議会に吸収され，国会は憲法規定にあるように「国家の基本

的重要問題」を扱うことを期待されている。そこで，国会審議や立法過程など
の国会運営を円滑に進めるため，国会業務を熟知する内部職員や地方国会事務
所関係者，また選挙区常任議員を増やしたと考えられる。さらに経済関係の省
庁や民間企業家も若干増えている。とくに経済部門のなかでは前回ひとりもい
なかった商工会議所からの候補者が4人となっている。わずかな人数だがこれ
までで最も多くなった民間企業家9人と合わせれば，党がビジネス部門を重視
していることが窺える。

　以上からは，第8期国会では国会に末端レベルの意見を反映させようという
前回選挙から方針を転換し，「国家の基本的重要問題」を扱うために専門的で
質が高く，また円滑な国会運営を行うための人材を候補者として選定したと考
えられる。先のソムプーは，国会は幅広い知識と専門性を備えるようになり，
問題を包括的かつより深く議論し解決できると述べている（*Vientiane Times,*
March 17, 2016）。

　では，以上の党の意図はどの程度結果に反映されたのだろうか。表6-7は候
補者と結果の比較であり，図6-2はそれをグラフに直したものである。グラフ
をみると候補者と結果の役職別割合がほぼ重なっていることがわかる。つまり
候補者選出段階で示された党の意図はほぼ結果に反映されたのである。

2．県議会候補者の属性

　県議会候補者については全候補者の属性が明らかになっていない。ここでは
比較的情報や資料が入手しやすい首都ヴィエンチャンの候補者の属性を分析し，
党の意図を考えてみたい。

　県議会選挙は郡がひとつの選挙区となっており，首都ヴィエンチャンには
9の選挙区がある。各郡の定数は2，候補者は3人となっている。表6-8は候
補者の概要である。27人のうち女性は9人であり，県党・国家機関から8人，
郡党・国家機関からは11人，平均年齢は48歳となっている（*Vientiane Mai,*
February 22, 2016）。

　候補者の属性をみると，各郡の候補者には必ず郡党副書記または郡党常務委
員・執行委員が入っている。したがって，各郡から郡指導幹部を県議会議員に
選出しようという党の意図が窺える。先述したセコーン県の候補者選出過程に

表6-6　第3期～第7期選挙

	第3期		第4期	
	人数	割合	人数	割合
中央指導幹部				
政治局	1	0.6%	3	1.9%
党中央執行委員/党中央執行委員予備委員	7	4.5%	12	7.5%
首相	0	0.0%	0	0.0%
副首相	0	0.0%	1	0.6%
大臣	4	2.6%	2	1.3%
副大臣	4	2.6%	5	3.1%
首相府大臣/政府官房大臣/補佐官	0	0.0%	0	0.0%
県・郡指導幹部				
県党書記/知事/副書記/副知事	9	5.8%	7	4.4%
県党常務委員/県党執行委員	52	33.8%	48	30.0%
県官房/女性促進事務所/テーサバーン設立/内務	4	2.6%	1	0.6%
郡党書記/郡長/副書記/副郡長	23	14.9%	13	8.1%
郡党常務委員/郡党執行委員	5	3.2%	1	0.6%
党機関				
党・国家検査委員会	8	5.2%	9	5.6%
党組織／宣伝・訓練委員会/政治・行政学院	11	7.1%	14	8.8%
国会/地方国会事務所	7	4.5%	23	14.4%
建設戦線・大衆組織	42	27.3%	28	17.5%
軍/治安維持	11	7.1%	17	10.6%
その他部門				
村党書記／村長	0	0%	1	0.6%
司法／裁判所／検察院	1	0.6%	2	1.3%
国家社会科学アカデミー	0	0%	0	0%
社会セクター[2]	22	14.3%	24	15.0%
経済セクター[3]	10	6.5%	15	9.4%
外務	1	0.6%	1	0.6%
国有企業	4	2.6%	3	1.9%
ビジネスマン/民間	1	0.6%	2	1.3%
その他	3	1.9%	0	0%

（出所）　*Pasaason*, 1992年11月14日～12月8日，1997年11月17日～11月28日, 2002年1月29日～2月1日，
（注）1）1人で複数の役職を兼務しているため人数は延べ人数としている。また，役職は選挙候補者リスト掲載
　　　2）社会セクターには情報・文化，労働・社会福祉，保健，教育，スポーツ・体育セクターの組織が含まれ
　　　3）経済セクターには計画・投資，工業・商業，財務，手工業，農業，通信・運輸・郵便・建設，科学・技
　　　　た商工会議所とコーヒ輸出協会が含まれる。

第6章　第8期国会議員選挙と県人民議会選挙

における役職別候補者割合 [1]

第5期		第6期		第7期		第8期	
人数	割合	人数	割合	人数	割合	人数	割合
2	1.2%	4	2.3%	1	0.5%	2	0.9%
9	5.4%	10	5.7%	8	4.0%	15	7.1%
0	0.0%	0	0.0%	0	0.0%	0	0.0%
1	0.6%	2	1.1%	0	0.0%	1	0.5%
4	2.4%	2	1.1%	3	1.6%	1	0.5%
2	1.2%	7	4.0%	6	3.2%	6	2.8%
3	1.8%	2	1.1%	2	1.1%	1	0.5%
12	7.2%	15	8.6%	3	1.6%	19	9.0%
49	29.5%	58	33.1%	49	25.8%	45	21.3%
5	3.0%	2	1.1%	3	1.6%	11	5.2%
8	4.8%	1	0.6%	11	5.8%	3	1.4%
5	3.0%	4	2.3%	5	2.6%	3	1.4%
10	6.0%	6	3.4%	5	2.6%	8	3.8%
7	4.2%	15	8.6%	10	5.3%	9	4.3%
27	16.3%	23	13.1%	34	17.9%	62	29.4%
33	19.9%	39	22.3%	41	21.6%	20	9.5%
17	10.2%	16	9.1%	18	9.5%	14	6.6%
0	0%	0	0%	0	0%	0	0.0%
3	1.8%	9	5.1%	11	5.8%	10	4.7%
0	0%	0	0%	1	0.5%	1	0.5%
21	12.7%	22	12.6%	20	10.5%	22	10.4%
11	6.6%	21	12.0%	23	12.1%	31	14.7%
1	0.6%	0	0%	2	1.1%	2	0.9%
5	3.0%	5	2.9%	3	1.6%	4	1.9%
1	0.6%	2	1.1%	5	2.6%	9	4.3%
0	0%	0	0%	1	0.5%	1	0.5%

2006年4月3日～10日，2011年4月1日～18日，*Phouthen Paxason*, March 07-09, No.301, 2016 を基に筆者作成。
時点に基づいている。
る。
術，天然資源・環境，エネルギー・鉱業，郵便・テレコミュニケーション，観光，土地管理，金融セクター，ま

図 6-1　第 7 期と第 8 期国会選挙の候補者割合比較

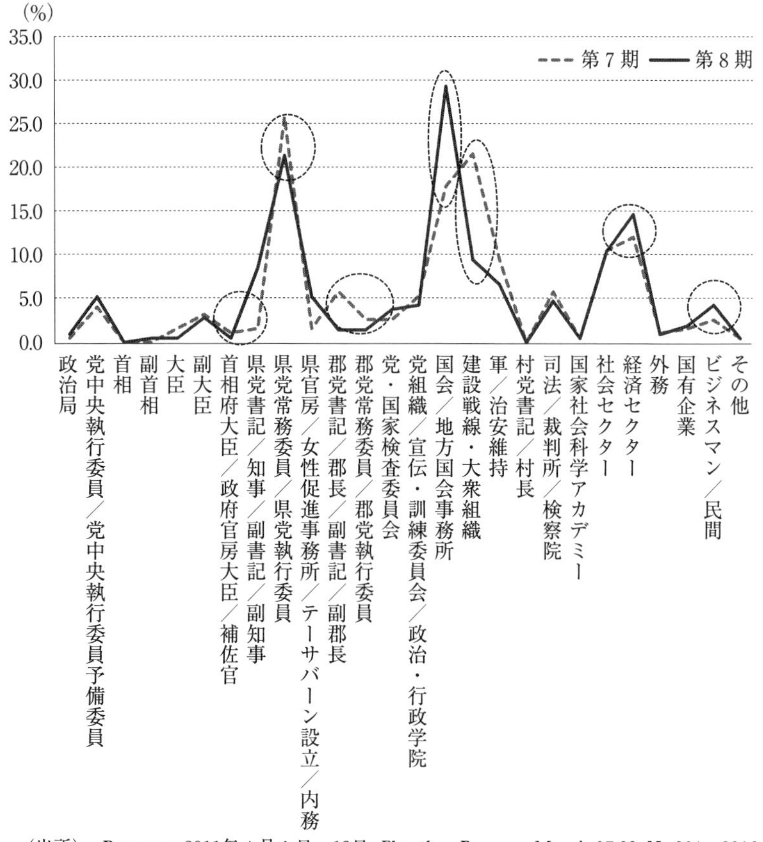

(出所)　*Pasaason*, 2011 年 4 月 1 日～18 日, *Phouthen Paxason,* March 07-09, No.301, 2016
　　を基に筆者作成。

おいても，ターゲットはおもに郡党副書記や党執行委員であった。郡党指導幹部は郡内のあらゆる問題を議論する立場にある。県議会に各郡の意見や問題を反映させる橋渡し役としてはまさに適任である。県議会選挙も完全連記制であり有権者は 2 人に票を投じることになるが，国会議員選挙と異なり候補者は 3 人と少ないため，特定の候補者数を増やして結果をある程度コントロールすることは難しい。とはいえ，党のねらいどおり各郡では郡指導幹部が当選した。

　第 2 の特徴は，国有企業 2 人，民間企業 6 人とビジネス部門から 8 人が候補

第 6 章　第 8 期国会議員選挙と県人民議会選挙

表 6-7　第 8 期国会議員選挙候補者割合と結果

	候補者		結果	
	人数	割合	人数	割合
中央指導幹部				
政治局	2	1.0%	2	1.3%
党中央執行委員/党中央執行委員予備委員	11	5.2%	15	10.1%
首相	0	0.0%	0	0.0%
副首相	1	0.5%	1	0.7%
大臣	1	0.5%	1	0.7%
副大臣	6	2.8%	5	3.4%
首相府大臣/政府官房大臣/補佐官	1	0.5%	1	0.7%
県・郡指導幹部				
県党書記/知事/副書記/副知事	19	9.0%	19	12.8%
県党常務委員/県党執行委員	45	21.3%	38	25.5%
県官房/女性促進事務所/テーサバーン設立/内務	11	5.2%	8	5.4%
郡党書記/郡長/副書記/副郡長	3	1.4%	2	1.3%
郡党常務委員/郡党執行委員	3	1.4%	2	1.3%
党機関				
党・国家検査委員会	8	3.8%	2	1.3%
党組織／宣伝・訓練委員会/政治・行政学院	9	4.3%	7	4.7%
国会／地方国会事務所	62	29.4%	54	36.2%
建設戦線・大衆組織	20	9.5%	12	8.1%
軍／治安維持	14	6.6%	10	6.7%
その他部門				
村党書記／村長	0	0.0%	0	0.0%
司法／裁判所／検察院	10	4.7%	4	2.7%
国家社会科学アカデミー	1	0.5%	0	0.0%
社会セクター	22	10.4%	14	9.4%
経済セクター	31	14.7%	20	13.4%
外務	2	1.0%	2	1.3%
国有企業	4	1.9%	2	1.3%
ビジネスマン/民間	9	4.3%	5	3.4%
その他	1	0.5%	1	0.7%

（出所）　*Pasaason*, 2011 年 4 月 1 日～18 日，*Phouthen Paxason*, March 07-09, No.301, 2016 を
　　　　基に筆者作成。
（注）　人数は複数の役職に基づく延べ人数であり，それを基にした割合である。

図 6-2　第 8 期国会選挙候補者割合と結果比較

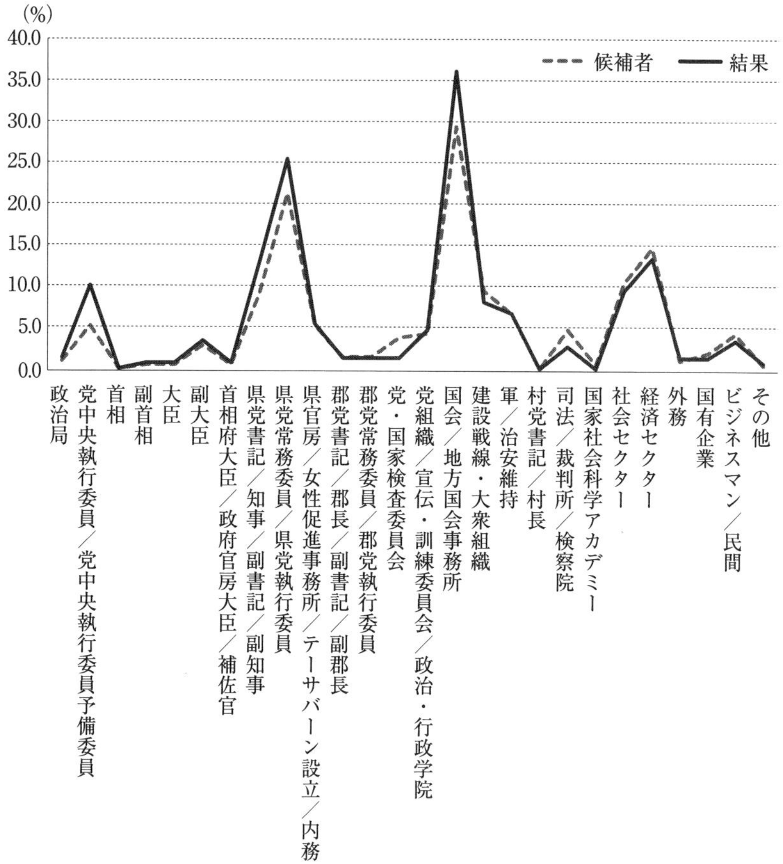

（出所）　表 6-7 に同じ。

者となっていることである。これに加えて首都計画・投資局副局長が候補者となっており，経済部門の候補者が目立つ。とくに首都ヴィエンチャンは国家経済の牽引役であり，国内外企業の投資環境整備が重要課題となっている。しかし，結果は 9 人のうち 7 人が落選した。民間企業家 2 人が当選したとはいえ，経済部門の議員を増やすことはできなかった。

　第 3 の特徴は，首都ヴィエンチャン人民裁判所長官と首都第 1 区検察院長が候補者となっていることである。前者は首都全体を管轄し，都内の事件や犯罪

第 6 章　第 8 期国会議員選挙と県人民議会選挙

写真6-5

投票の様子，2016年 3 月筆者撮影。

写真6-6

投票所での開票結果，2016年 3 月筆者撮影。

表6-8　首都ヴィエン

選挙区	番号	氏名	役職
チャンタブリー郡	1	チャントーン・ラッタチャク	郡党副書記・副郡長
	2	サイボーン・ナンタポーン（女性）	首都保健副局長
	3	パカーイシット・アパイニャサーン	スックサムラーン貿易・サービス社長
シーコータボン郡	1	ソムビアン・ウォンサイ（女性）	郡党執行委員・首都第1区検察院長
	2	ブンラーイ・オーンウォンサー	首都計画・投資副局長
	3	中校チャンタラー・ウドムスック	県治安維持副司令官
サイセータ一郡	1	ブンビン・パンニャーチット	郡党副書記・副郡長
	2	ヴィライサーン・ポムミーサイ	首都青年同盟執行委員・チャルーンフアングループ社長
	3	オーラタイ・サンティコンカー（女性）	クリッタポングループ社長
シーサッタナーク郡	1	ウドーン・サイムンティー	首都党常務委員・首都宣伝、訓練委員会委員長
	2	ヴィライコーン・スーンダーラー	郡党常務委員・郡組織委員会委員長
	3	カムヴェーン・シンバンディット（女性）	郡党執行委員・郡女性同盟議長
ナーサーイトーン郡	1	サーラーピット・スーンウォーラウォン	第1選挙区首都ヴィエンチャン国会事務所副所長
	2	ナーリー・カンタラック（女性）	郡党執行委員・郡保健事務所長
	3	チャンソム・ビラーロム	ラオス電力公社電気設置副グループ長
サイタニー郡	1	ブアリー・ケーオマニワン	郡党執行委員・郡情報・文化・観光事務所長
	2	ブアウォーン・スックラーセーン（女性）	首都官房副局長
	3	ボーンパサート・シーラードゥアンルート	ボーンパサート調査設計コンサル・建設社長
ハートサイフォーン郡	1	スックサワン・ブッタウォン	郡党副書記・副郡長
	2	マニーチャン・バンワートウォン（女性）	エムビーツアー観光会社社長
	3	トーンサワン・ミーブン	バンペット農業開発社長
サントーン郡	1	セーンスワン・チャンタルンナウォン	首都人民裁判所長官
	2	シースバン・ブンサムー	郡党執行委員・郡官房長
	3	スマリー・タムマウォン（女性）	首都人民革命青年同盟執行委員会副書記
パークグーム郡	1	アーミッター・シーパムアン（女性）	副郡長
	2	トットサカン・カイソーンペット	郡党執行委員・郡農林事務所長
	3	トーンルーアン・ビムマサーン	ヴィエンチャン・マイ紙編集長

（出所）　*Vientiane Mai*, March, 3, 2016 を基に筆者作成。
（注）　年齢は候補者発表時。

について精通している。一方後者は都内の中心地区シーコータボーン郡と，郊外のナーサイトーンとサントーン郡を担当する検察の長である[7]。経済発展にともない，首都ヴィエンチャンでは治安が悪化し，さまざまな事件が発生している。そのため裁判所と検察院から議員を輩出し，議会での議論をサポートするねらいといえる。

　今回の選挙では9郡から2人ずつが当選し，全部で18人の議員が誕生した。しかし先述のように選挙法では，議員定数は人口5万人に1人であり，15万人以下の郡は3人の議員を有するとの規定がある。つまり，選挙結果は選挙法の規定の3人に満たないことになる。一方選挙法には，地方選挙区に在住する国会議員は県議会議員を兼任できるという規定もある。首都ヴィエンチャン

146

第 6 章　第 8 期国会議員選挙と県人民議会選挙

チャン人民議会候補者

公務員就職日	入党日	年齢	推薦組織	居住郡	当選
1982.9.1	1987.10.23	56	チャンタブリー郡行政組織	チャンタブリー郡	○
1997.7.1	2007.2.14	44	首都ヴィエンチャン行政組織	チャンタブリー郡	○
—	—	44	首都人民革命青年同盟執行委員会	チャンタブリー郡	×
1991.10.1	2001.9.25	47	シーコータボン郡行政組織	シーコータボン郡	○
1987.8.1	2003.2.25	58	首都計画・投資局	チャンタブリー郡	×
1985.1.9	1989.5.29	51	首都治安維持司令部	チャンタブリー郡	○
1979.8.23	1990.3.24	53	サイセーター郡行政組織	シーサッタナーク郡	○
—	—	42	サイセーター郡行政組織	サイセーター郡	○
—	—	37	首都官房	サイセーター郡	×
1985.9.1	1988.11.24	58	首都行政組織	シーサッタナーク郡	○
1979.7.13	1995.5.2	54	シーサッタナーク郡行政組織	シーサッタナーク郡	×
1996.4.26	2003.9.24	45	シーサッタナーク郡行政組織	シーサッタナーク郡	○
1999.10.1	2003.9.23	41	第 1 選挙区国会事務所	サイセーター郡	○
1993.1.3	2004.8.20	48	郡党書記	ナーサーイトーン郡	○
1984.8.20	2000.7.6	51	首都電力電気設置グループ	チャンタブリー郡	×
1984.5.5	1999.2.15	52	郡行政組織	サイタニー郡	○
2000.10.1	2008.8.7	38	首都行政組織	サイセーター郡	○
—	—	43	首都人民革命青年同盟執行委員会	サイセーター郡	×
1982.9.1	1990.9.29	52	ハートサイフォーン郡行政組織	ハートサイフォーン郡	○
1991.9.1	2014.3.11	45	首都観光業グループ	サイタニー郡	×
—	—	46	首都ヴィエンチャン行政組織	ハートサイフォーン郡	○
1992.3.1	1996.6.16	50	首都ヴィエンチャン人民裁判所	ハートサイフォーン郡	○
2012.4.1	1999.1.2	39	サントーン行政組織	シーコータボン郡	○
2002.1.25	2005.3.31	38	首都人民革命青年同盟	シーサッタナーク郡	×
1995.4.28	2002.9.24	44	パークグーム郡行政組織	パークグーム郡	○
1996.10.1	2000.1.8	47	パークグーム郡行政組織	パークグーム郡	○
1971.10.14	2006.7.6	60	首都ヴィエンチャン行政組織	シーサッタナーク郡	×

　選出国会議員 17 人の居住地をみると全員が首都ヴィエンチャンである。つまり全員が県議会議員を兼任する資格を有することになる。ところが，2016 年 5 月 18 日に開催された首都ヴィエンチャン人民議会初回会議では，選挙で当選した 18 人に加え，10 人の国会議員が県議会議員を兼任することが明らかになった。そして 10 人がそれぞれ各郡に配分されれば各郡は 3 人の定数を満たすことになる。

　またサイニャブリー県でも選挙後に 5 人の国会議員が県議会議員を兼任することになった。サイニャブリー県には 11 の郡があり 5 つの郡が定数 2 人，6 つの郡が定数 3 人となっている[8]。したがって兼任の 5 人がそれぞれ定数 2 人の 5 郡に配分されれば各郡が選挙法の規定どおり定数 3 人の枠を満たすこと

147

になる。つまり国会議員の兼任は選挙法の規定どおりに定数を満たすための措置といえる。

　兼任のもうひとつの役割は議員構成の調整である。首都ヴィエンチャンの兼任 10 人の属性をみると，党中央執行委員兼県党副書記，第 1 選挙区国会事務所，首都教育・スポーツ，党組織委員会，農林，水道公社，商工会議所，民間企業家，司法部門などとなっている。そのうえで改めて県議会議員全員の属性をみると，首都党副書記，党常務委員，党執行委員，党組織委員会，党宣伝・訓練委員会，軍，治安維持，教育，保健，農林，情報・文化・観光，女性同盟，青年同盟，国有企業，裁判所，検察院，司法，商工会議所，民間企業家と，都内の経済・社会問題を審議するために必要な部門から満遍なく代表が選出されたことがわかる。選挙では企業家の多くが落選したが，国会議員を務める民間企業家や国有企業から 3 人が県議会議員を兼任することになり，埋め合わせが行われた。つまり首都ヴィエンチャンの事例からは，選挙後に一部の国会議員に県議会議員を兼任させることで県議会の構成を調整していると考えられる。

　サイニャブリー県議会選挙で選出された議員の属性は，選挙区国会事務所，軍，組織委員会，副郡長，検査，司法，治安維持，女性同盟，保健，内務，計画・投資，科学・技術，建設戦線，農村建設・貧困削減，青年実業家協会，ビジネスマン，労働連盟などである。そして兼任議員の属性は県党副書記，官房局，選挙区国会議員団，天然資源・環境，検査である。このようにサイニャブリー県人民議会でも同様の調整が行われており，そのことは聞き取り調査でも確認している[9]。

　またすべての県において，国会議員を務める県党副書記が県議会議員を兼任し，かつ県議会議長に就任したことも選挙結果と新聞報道から確認した。県党副書記が国会議員と県議会議長を兼務することで，国会の議論を県に，県の議論を国会に伝えることができ，国会と県議会が効率的に連携できるようになる。そして，党が議会をコントロールすることも可能となる。県議会設立の目的は分権や住民の政治参加を通じた地方の主体性向上にあるが，それはあくまで中央集権体制を基本とする限定的なものなのである。

第 6 章　第 8 期国会議員選挙と県人民議会選挙

　おわりに

　党は自らの意図を候補者選定段階から反映させる選挙制度を構築している。
そのため候補者の属性をみることで選挙における党の意図をある程度把握する
ことが可能となる。そして国会議員選挙では大選挙区完全連記制により，党の
意図を結果にほぼ反映させることができる。一方県議会選挙では候補者人数が
少ないため，党の意図を結果に反映させることは難しい。しかし国会議員が県
議会議員を兼任できるようにすることで，選挙後に議会構成を調整し意図どお
りの議会を構築することが可能となる。

　たとえば国会議員選挙では，前回増加した末端の事情をよく知る建設戦線や
大衆組織の候補者が減少し，県党副書記や国会・地方国会事務所関係者等が増
加した。前回は末端の声を国会に反映させることがおもな目的であったが，今
回は県議会が設立されたことでその必要がなくなり，代わりに国会がマクロ政
策や国家の基本的重要問題について専門的議論を行い，また国会運営を円滑に
行える人材が増加した。とはいえ県の問題や意見を国会に伝えることの重要性
がまったく薄れたわけではない。

　それは各県で国会議員の一部が県議会議員を兼任することで担保されている。
とくに，各県の党副書記が国会議員と県議会議長を兼務したことで，国会と県
議会の意思疎通が行われるチャンネルが確保され，両議会が効率的に連携でき
るようになった。そして，県議会選挙でも各郡の党副書記や党執行委員を候補
者としたことで，末端の問題や意見を県議会に反映させようという意図がみら
れた。実際に各郡では党副書記や党執行委員が当選している。しかし，県議会
選挙では国会選挙のように大選挙区制を採用してないため，完全連記制であっ
ても党の意図を結果に反映させることは難しい。そこで選挙法の兼務規定を活
用し，一部国会議員に県議会議員を兼務させることで構成が調整されたのであ
る。

　実際に首都ヴィエンチャンの事例では，10 人の国会議員が県議会議員を兼
任し，県議会が主要分野の代表から満遍なく構成されるようになっている。ま
た選挙で多数が落選したビネスセクターの穴を埋めるために，同部門の国会議

員が一部県議会議員を兼務した。サイニャブリー県の事例でも同様の調整がみられた。どこまで県議会の構成を考えて国会議員候補者を選出しているかは不明だが，兼務規定があることで，選挙結果をふまえて県議会の議員構成を調整することが可能となる。ただし，この仮説は他県の複数の事例により検証されなければならない。

　選挙後，国会も県議会も初回会議を開催し政府閣僚や県知事等の人事を承認したが，本格的な活動はこれからである。したがって，国会と県議会がどのように役割分担を行い，またどのように連携していくのかは今後の展開を待たなければならない。しかし，首都ヴィエンチャン議会では知事が首都独自の税制の導入を提案し，都議会が否決するなど新しい動きもみられる。知事や部門長の人事権，行政への監査権，そして開発計画や予算計画の承認権を有する県議会の動向によっては，地方行政が大きく変わる可能性がある。

【注】
⑴　統一戦線組織である。1950 年 8 月，フランス連合内での独立に反対したラオ・イサラ（ラオスの独立運動の総称）のメンバーが全国人民代表者大会を開催し，ネオ・ラオ・イサラ（ラオス自由戦線）を設立し，1956 年 1 月により広範な支持を集めるためにラオス愛国戦線に改称した（山田 2002, 474）。
⑵　1991 年の憲法制定とともに廃止された郡と村のあいだの行政級である。
⑶　中央集権体制が整備されたとはいえ，制度が強固に確立したわけではないため，党による中央集権体制を強化する作業は残されていた。そして今でも中央集権体制を強化する作業は行われている。
⑷　地方行政法第 46 条によるとテーサバーンとは一定の経済・社会発展を遂げた郡級の行政級である，しかし現在のラオスでは市とテーサバーンはいまだに設立されていないため，今回の県人民議会選挙における選挙区は郡のみとなっている。2016 年 8 月 1 日付けで「テーサバーンおよび市設立に関する首相命令第 23 号」が公布され，首相は各県に対してテーサバーンと市を設立するよう命じた（Naanyoklatthamontii 2016）。
⑸　党規約では党の最高権力機関は 5 年ごとに開催される全国代表者大会（党大会）と規定されているが，実質的な最高権力機関は政治局である。
⑹　各機関や県における候補者選定過程については山田（2012）に詳しい。
⑺　2016 年 9 月 15 日，首都第 1 区検察院に対する筆者による電話での確認。
⑻　2016 年 10 月 3 日，サイニャブリー県人民議会書記への筆者による聞き取り。
⑼　2016 年 10 月 3 日，サイニャブリー県人民議会書記への筆者により聞き取り。

第 6 章　第 8 期国会議員選挙と県人民議会選挙

〔参考文献〕

＜日本語文献＞

山田紀彦 2002.「ラオス内戦史資料（1954～1975 年）」武内進一編『アジア・アフリカの武力
　　紛争—共同研究会中間報告—』アジア経済研究所　427-478.
———2012.「第 7 期国会議員選挙にみる国会改革」山田紀彦編『ラオス人民革命党第 9 回大
　　会と今後の発展戦略』アジア経済研究所　89-105.
———2013.「ラオス人民革命党の体制持続メカニズム——国会と選挙を通じた国民の包摂過
　　程——」『アジア経済』54（4）　12 月　47-84.

＜ラオス語文献＞

Kaysone Pomvihane. 1997. Kaan pian paeng mai labop kaan meuang［政治制度の刷新］.
　　Kaysone Phomvihane, *Niphon leuak fen 3: kiaw kap kaan dam neun pian paeng mai*
　　hoop daan thii lakkaan yuu spp lao　［論文集 3: ラオス人民民主共和国における原則を有
　　する刷新の執行について］, Sathaaban kaan meuang lae kaan pokkhoong haeng saat
　　［国家政治・行政学院］, 465-515.
Khana kammakaan leuak tang ladap saat［国家選挙委員会］. 2016. *Pakaat caheng kaan*
　　khoong khana kammakaan leuak tang ladap saat kiaw kap laai suu phuu samak hap leuak
　　tang pen samaasik saphaa haeng saat sut thii VIII, leek thii 09　［国家選挙委員会の第 8
　　期国会議員選挙候補者名簿に関する国家選挙委員会公示第 09 号］.
Khana kammakaan leuak tang ladap saat khana pacham［国家選挙委員会常務委員会］.
　　2016. *Mati tok long khoong khana kammakaan leuak tang ladap saat vaa duay kaan*
　　anumat hai phuu samak hap leuak tang pen samaasik saphaa haeng saat sut thii VIII lae
　　samaasik saphaa pasaason khwaeng, nakhoonluang chat tang kaan khoosanaa haa siang
　　yuu kheet leauk tang taang taang thua patheet, leek thii 015［第 8 期国会選挙および県，
　　首都人民議会選挙候補者による全国の選挙区での遊説活動を行うことを許可する国家
　　選挙委員会決定第 015 号］.
Pathaan patheet［国家主席］. 2015. *Latthadamlat khoong pathaan patheet saathaalanalat*
　　pasaathipatai pasaason lao vaa duay kaan pakaat laai suu khana kammakaan leuak tang
　　ladap saat pheua kaan leuak tang samaasik saphaa haeng saat sut thii VIII lae samaasik
　　saphaa pasaason khan khwaeng, nakhoonluang, leet thii 225　［第 8 期国会選挙及び県・
　　首都人民議会選挙のための国家選挙委員会名簿公示に関する国家主席令第 225 号］.
——— 2016. *Latthadamlat khoong pathaan patheet saathaalanalat pasaathipatai pasaason lao*
　　vaa duay kaan pakaat chamnuan phuu samak hap leuak tang pen samaasik saphaa haeng
　　saat sut thii VIII lae samaasik saphaa pasaason khwaeng, nakhoonluang, leek thii 029［第
　　8 期国会選挙及び県・首都人民議会選挙候補者数公示に関するラオス人民民主共和
　　国家主席令第 029 号］.

151

Saphaa haeng saat [国会]. 2015. *Kot maai vaa duay kan leuak tang samaasik saphaa haeng saat lae sphaa pasaason khan khwaeng (sabap pap pung)* [国民議会および県級人民議会選挙法（改正）].

——— 2016. *Kot maai vaa duay saphaa pasaason khan khwaeng* [県級人民議会法].

Saphaa pasaason suung sut [最高人民議会]. 1988a. *Kot maai vaa duay saphaa pasaason suung sut haeng saaathaalanalat pasaathipatai pasaason lao* [ラオス人民民主共和国最高人民議会法].

——— 1988b. *Mati tok long khoong saphaa pasaason suung sut haeng saathaalanalat pasaathipatai pasaason lao kiaw kap kaan hap hoong aw kaan datpaeng kot maai vaa duay kaan chat tang saphaa pasaason lae khana kammakaan pokkhoong pasaason tang tang sabap leek thii 101/sps, long van thii 31/7/1978* [1978 年 7 月 31 日付け最高人民議会第 101 号，各級の人民議会および人民行政委員会組織に関する法律改正についての最高人民議会決定].

＜英語文献＞

Brown, MacAlister, and Joseph J. Zasloff. 1986. *Apprentice Revolutionaries: The Communist Movement in Laos, 1930-1985*. Stanford: Stanford University Press.

＜新聞＞

Pasaason.

Pasaason Socio-Economic.

Pathet Lao.

Phouthen Pasaxaon.

Vientiane Mai.

Vientiane Times

〔執筆者紹介〕（執筆順）

山田紀彦（やまだ のりひこ）　（第1章，第2章，第3章，第6章）
所　　属　日本貿易振興機構アジア経済研究所　在ビエンチャン海外調査員
主要著作　編著『独裁体制における議会と正当性——中国，ラオス，ベトナム，カンボ
　　　　　ジア——』（アジア経済研究所　2015年），「ラオス人民革命党の体制維持戦略
　　　　　——国会と選挙を通じた国民の包摂過程——」『アジア経済』（2013年第54巻
　　　　　第4号），編著『ラオス人民革命党第9回大会と今後の発展戦略』（アジア経済
　　　　　研究所　2012年），編著『ラオスにおける国民国家建設——理想と現実——』
　　　　　（アジア経済研究所　2011年）など。

ケオラ・スックニラン（第4章）
所　　属　日本貿易振興機構アジア経済研究所　バンコク研究センター
主要著作　「第7次経済・社会開発5カ年計画（2011～2015）——資源・エネルギー部門
　　　　　に大きく依存した経済開発——」山田紀彦編『ラオス人民革命党第9回大会と
　　　　　今後の発展戦略』（アジア経済研究所　2012年），「国家財政と国有企業——国
　　　　　有化，民営化，そして商業化——」山田紀彦編『ラオスにおける国民国家建設
　　　　　——理想と現実——』（アジア経済研究所　2011年），「国有企業改革からみた
　　　　　市場経済化——軍営企業・山岳部開発会社（BPKP）の場合——」天川直子・
　　　　　山田紀彦編『ラオス——一党支配体制化の市場経済化——』（アジア経済研究
　　　　　所　2005年）など。

矢野順子（や の じゅんこ）　（第5章）
所　　属　愛知県立大学外国語学部准教授
主要著作　『国民語の形成と国家建設——内戦期ラオスの言語ナショナリズム——』（風響
　　　　　社，2013年），「教育と人材開発——質的改善の2つの側面——」山田紀彦編
　　　　　『ラオス人民革命党第9回大会と今後の発展戦略』（アジア経済研究所　2012
　　　　　年），「国家建設過程における理想的国民像の変化——道徳教科書の分析を中心
　　　　　に——」山田紀彦編『ラオスにおける国民国家建設——理想と現実——』（ア
　　　　　ジア経済研究所　2011年），『国民語が「つくられる」とき——ラオスの言語ナ
　　　　　ショナリズムとタイ語——』（風響社　2008年）など。

複製許可および PDF 版の提供について

　点訳データ，音読データ，拡大写本データなど，視覚障害者のための利用に限り，非営利目的を条件として，本書の内容を複製することを認めます。その際は，出版企画編集課転載許可担当に書面でお申し込みください。

〒 261-8545　千葉県千葉市美浜区若葉 3-2-2
日本貿易振興機構 アジア経済研究所
研究支援部出版企画編集課　転載許可担当宛
http://www.ide.go.jp/Japanese/Publish/reproduction.html

　また，視覚障害，肢体不自由などを理由として必要とされる方に，本書の PDF ファイルを電子メール添付ファイルにて提供します。下記の PDF 版申込書（コピー不可）を切りとり，必要事項を記入した上で，出版企画編集課 販売担当宛にご郵送ください。

　ご連絡頂いた個人情報は，アジア経済研究所出版企画編集課（個人情報保護管理者－出版企画編集課長 043-299-9534）において厳重に管理し，本用途以外には使用いたしません。また，ご本人の承諾なく第三者に開示することはありません。

アジア経済研究所研究支援部 出版企画編集課長

　PDF 版の提供を申し込みます。調査研究以外の用途には利用しません。

山田紀彦　編
『ラオス人民革命党第 10 回大会と「ビジョン 2030」』
情勢分析レポート No. 28　2017 年

住所 〒

氏名：　　　　　　　　　　　年齢：

職業：

電話番号：

電子メールアドレス：

【表紙写真】
2016 年 1 月 18 日，ラオス人民革命党第 10 回大会で演説するチュムマリー・サイニャソーン党書記長
（EPA ＝時事）。

[情勢分析レポート No.28]
ラオス人民革命党第 10 回大会と「ビジョン 2030」

2017 年 1 月 30 日 発行　　　　　　　　　　　　　　　　　　定価［本体 1,400 円＋税］

編　者　　山田　紀彦
発行所　　アジア経済研究所
　　　　　独立行政法人日本貿易振興機構
　　　　　　　千葉県千葉市美浜区若葉 3 丁目 2 番 2　〒 261-8545
　　　　　　　研究支援部　電話　043-299-9735
　　　　　　　　　　　　　FAX　043-299-9736
　　　　　　　　　　　　　E-mail: syuppan@ide.go.jp
　　　　　　　　　　　　　http://www.ide.go.jp

印刷所　　　康印刷株式会社
表紙デザイン　康印刷株式会社

───
© 独立行政法人日本貿易振興機構アジア経済研究所　2017　　　　　　　無断転載を禁ず
落丁・乱丁本はお取り替えいたします。　　　　　　　　　　ISBN 978-4-258-30028-0

出版案内
「情勢分析レポート」

（表示価格は本体価格です）

---

28 ラオス人民革命党第 10 回大会と「ビジョン 2030」

山田紀彦 編　　　　2017 年 152p. 1,400 円

ラオスは順調に経済発展を遂げている一方で、汚職や格差などの経済発展の負の側面が拡大し、国民の党への信頼が低下している。2016 年 1 月の第 10 回党大会で提示された党の現状認識と今後の長期戦略である「ビジョン 2020」を分析し、今後のラオスを展望する。

---

27 ミャンマー新政権の発足
アウンサンスーチー新政権はいかに誕生したのか

長田紀之・中西嘉宏・工藤年博 著　2016 年 143p. 1,300 円

約半世紀ぶりの自由で公正な選挙が行われたミャンマー。2015 年 11 月の総選挙の分析から、アウンサンスーチー新政権誕生の軌跡を明らかにし、「ポスト軍政」の第 2 ステージを展望する。

---

26 ASEAN 共同体
政治安全保障・経済・社会文化

鈴木早苗 編　　　　2016 年　187p. 1,800 円

ASEAN 諸国がその構築を進めている ASEAN 共同体は政治安全保障共同体・経済共同体・社会文化共同体の三つの柱から構成される。ASEAN 共同体構築の名の下に、ASEAN 諸国などのような協力を行っているのかについて解説し、課題を指摘する。

---

25 内戦終結後のスリランカ政治
ラージャパクサからシリセーナへ

荒井悦代著　　　　2016 年 131p. 1,300 円

26 年間続いたスリランカ内戦を終結させ、経済発展をもたらしたマヒンダ・ラージャパクサは、なぜ失脚しなければならなかったのか。めまぐるしく変化した内戦後のスリランカ政治をコンパクトに解説する。

---

24 習近平時代の中国経済

大西康雄著　　　　2015 年 147p. 1,400 円

発足後 2 年半を経て習近平政権の基盤は安定し、改革・開放を再始動する環境が整ってきた。前政権から継承した短期、中期、長期の諸課題への取り組みを中心に、2022 年までの同政権期における中国経済の行方を展望する。

---

23 インドの第 16 次連邦下院選挙
ナレンドラ・モディ・インド人民党政権の成立

近藤則夫編　　　　2015 年 207p. 2,000 円

インドでは 2014 年の総選挙で国民会議派の与党連合が大敗し、ナレンドラ・モディが率いるインド人民党連合が政権に就いた。与党大敗の原因を探り、新政権の行方を展望する。

---

22 タイ 2011 年大洪水
その記録と教訓

玉田芳史・星川圭介・船津鶴代編　2013 年 207p. 1,900 円

タイの 2011 年洪水は日本にも大きな打撃を与えた。本書はこの自然災害を学際的な観点から概説する。洪水発生の原因や状況、タイの経済や社会への影響などを記録し、タイ政府が進める洪水対策について説明する。

---

21 2012 年ベネズエラの大統領選挙と地方選挙
今後の展望

坂口安紀編　　　　2013 年 132p. 1,200 円

2012 年の選挙結果からは、その直後のチャベス大統領死去や後継政権誕生後の展望を占ううえでの重要な情報が読み取れる。2 つの選挙後の目まぐるしい情勢変化についても概説する。

---

20 習近平政権の中国
「調和」の次に来るもの

大西康雄編　　　　2013 年 163p. 1,500 円

2012 年秋の共産党大会、2013 年春の全国人民代表大会を経て習近平政権が本格始動した。習政権は、直面する内外の課題を克服して中国を世界第 2 の大国に押し上げ得るのか。多面的に分析を試みる。

---

19 中東地域秩序の行方
「アラブの春」と中東諸国の対外政策

土屋一樹編　　　　2013 年 197p. 1,800 円

「アラブの春」は中東の地域バランスにどのような変化をもたらすのだろうか。中東 9 カ国の対外政策と国内統治の動向を検討することで、「アラブの春」以降の中東地域秩序の変動を考える。

---

18 馬英九再選
2012 年台湾総統選挙の結果とその影響

小笠原欣幸・佐藤幸人編　2012 年 131p. 1,200 円

台湾では 2012 年 1 月に総統選挙が行われ、国民党の馬英九が再選を果たした。馬の再選はなぜ可能だったのか。台湾と中国の関係を軸に、政党の構造や戦略にも分析を加えながら読み解く。

---

17 転換期のベトナム
第 11 回党大会、工業国への新たな選択

寺本実編　　　　2012 年　187p. 1,700 円

ベトナム共産党の第 11 回党大会が 2011 年 1 月に開かれ、政治・経済・外交にわたる今後の基本方針が定められた。同党大会とその前後の状況、文脈を、多角的な観点から読み解く。